Eine rot-weiß-grüne Mischung
aus Tomaten, Zwiebeln und Paprika gehört zu vielen ungarischen Köstlichkeiten. Die Liebe zu den Erzeugnissen des Landes kommt in den kräftigen Fleischtöpfen, den delikaten Fischgerichten und den unwiderstehlichen Süßspeisen zum Ausdruck, die am besten für gesellige Runden gekocht werden. Wenn dann das Glas noch mit ungarischem Wein gefüllt ist und Zigeunermusik erklingt, läßt es sich gut von der Pußta und dem nächsten Urlaub träumen.

Die Farbfotos gestalteten Odette Teubner und Dorothee Gödert.

INHALT

4 **Die echte ungarische Küche**

4 Die echte ungarische Küche
4 Die roten Vier …
5 … und was dazugehört
5 Zwiebeln, Schweineschmalz …
6 … und natürlich Paprika!
6 Fisch in Töpfen und Pfannen
7 Gänseleberpastete – Heimatliebe, die durch den Magen geht
7 Mehlspeisen, köstlicher als in Österreich
7 Weine, berühmt und einzigartig

8 **Kleine Vorspeisen und kräftige Suppen**

8 Palatschinken mit Fleischfüllung
Hortobágyi húsos palacsinta
10 Forelle mit Dillsauce
Pisztráng kapor szósszal
10 Butterpogatschen
Ropogós vajaspogácsa
12 Hühnersuppe nach Ujházy
Ujházy tyúkleves
13 Palotzensuppe
Palócleves
14 Gulaschsuppe
Gulyásleves
16 Bohnensuppe
Bableves
18 Fischsuppe
Halászlé

20 **Fisch aus Flüssen und Seen**

20 Zander auf ungarische Art
Süllőszelet magyarosan
20 Forelle mit Gänseleber
Libamájjal töltött pisztráng
22 Hecht mit Dillsauce
Töltött csuka kaporszósszal
24 Gebratener Zander
Fogas egészben sütve
26 Razischer Karpfen
Rácponty
26 Zander mit Champignons
Fogas gombás szósszal

28 **Gemüse mit und ohne Fleisch**

28 Letscho
Lecsó
28 Kartoffelpaprikasch
Paprikás krumpli
30 Gefülltes Kraut
Töltött káposzta
32 Gefüllte Paprikaschoten
Töltött paprika
34 Kürbisgemüse
Tökfőzelék
34 Klausenburger Kraut
Kolozsvári rakottkáposzta
36 Gefüllte Mangoldblätter
Töltike

38 **Fleisch und was dazugehört**

38 Huhn in Wein
Boros tyúk
38 Huhn auf siebenbürger Art
Erdélyi töltött csirke
40 Hähnchenschenkel aus Galánta
Galántai csirkecomb
40 Hühnerpörkölt
Csirkepörkölt
42 Rinderpörkölt
Marhapörkölt
42 Makkaroni auf Magyarenart
Makaróni magyarosan
44 Szegediner Gulasch
Székelygulyás
45 Gefüllter Schweinebauch
Töltött sertésdagadó
46 Tokany à la Gundel
Gundel tokány
48 Pfeffertokany
Borsos tokány
48 Heranyer Tokany
Herány tokány
50 Kartoffelsalat
Burgonyasaláta
50 Siebenbürger Salat
Erdélyi saláta
52 Nockerln
Galuska
52 Eiergraupen mit Paprikasauce
Tarhonya magyarosan

54 **Mehlspeisen und andere süße Sachen**

54 Gundel-Palatschinken
Gundel palacsinta
56 Tokajer Pflaumen
Aszaltszilva tokaji borban
56 Rigó Jancsi
Rigó Jancsi
58 Goldnockerln
Aranygaluska
58 Apfel in Weinteig
Alma bortésztában
60 Dobos-Torte
Dobos-torta

62 **Rezept- und Sachregister**

UNGARN

Die echte ungarische Küche

lernen Sie am besten bei ungarischen Freunden oder Bekannten kennen. In den Restaurants kann es passieren, daß Sie entweder eine wahre Köstlichkeit serviert bekommen oder Ihre kulinarischen Hoffnungen in einer Mehlpampe untergehen. Die ungarischen Hausfrauen dagegen verwenden immer viel Zeit und Sorgfalt auf die Zubereitung der einzelnen Speisen und widerlegen damit das Vorurteil, ungarisches Essen sei vor allem rot und scharf. Aber es gibt noch mehr Mißverständnisse zu klären.

Die roten Vier ...

Ungarisches Gulasch? Was man weltweit darunter versteht, heißt in Ungarn Pörkölt, Paprikasch oder Tokany. Das Gulasch ist eine Suppe aus Rindfleischwürfeln, Zwiebeln und Kartoffeln, angereichert mit Teignockerln und mit Paprika scharf gewürzt. Vor etwa tausend Jahren haben die Magyaren dieses Gericht mitgebracht, als sie aus dem Gebiet zwischen Wolga und Ural in die ungarische Tiefebene kamen. Zubereitet wurde es im »Bogracs«, einem Kessel, der an den Lagerstätten über das offene Feuer gehängt werden konnte. Der Bogracs gehört auch heute noch auf dem Lande zum Hausrat. In den Restaurants wird die Erinnerung an die kulinarischen Ursprünge lebendig gehalten, indem zwar nicht mehr im Kessel gekocht, dafür aber daraus serviert wird. Die Fleischstücke für das Pörkölt sind größer als die für das Gulasch. Der Geschmack der goldgelb gebratenen Zwiebeln behauptet sich gegen den Paprika, und die kräftige Sauce wird so lange eingekocht, bis sie cremig ist. Paprikasch besteht häufig aus Geflügelfleisch, manchmal auch aus Lamm oder Fisch. Paprikasch kann aber auch nur aus Gemüse zubereitet werden, mit Kartoffeln, roten und grünen Paprikaschoten und schönen reifen Tomaten. Speck allerdings darf auch dabei nicht fehlen, denn Speck und Paprika sorgen für die richtige Würze.
Tokany wird aus schmalen Rind- oder Kalbfleischstreifen zubereitet, die – je nach Jahreszeit – mit verschiedenen Gemüsen umlegt werden: zarten Erbsen, Spargel, frischen grünen Bohnen und Champignons. Der Paprika wird manchmal durch Pfeffer ersetzt.

Erwärmt mit ihrem Feuer Leib und Seele: die weltberühmte ungarische Gulaschsuppe.

... und was dazugehört

Zu den Fleischtöpfen aßen schon die Magyaren Tarhonya, Eiergraupen, die sehr gut auf Vorrat zubereitet werden können. Dafür werden für vier Personen 330 Gramm Mehl mit drei Eiern zu einem glatten Teig verarbeitet, der in Stücke geschnitten und etwas angetrocknet wird. Dann wird er mit einem großen Messer fein gehackt und anschließend durch ein großmaschiges Sieb gestrichen. Die Teigkügelchen sind am Ende etwa so groß wie Reiskörner. Die Tarhonya wird etwa 24 Stunden getrocknet, danach wird sie entweder kühl und trocken gelagert oder gleich fertig gekocht. Dafür wird die Tarhonya im heißen Fett glasig gebraten und mit Zwiebeln, Petersilie und Gemüse weich gedünstet. Heute wird Tarhonya in Ungarn kaum noch hausgemacht, sondern als Fertigprodukt gekauft.
Sehr gerne wird beim Kochen Sahne verwendet, meistens saure, die in Ungarn eine besonders gute Qualität hat. Sie verfeinert nicht nur Suppen, Saucen und Eintöpfe, sondern steht auch im Kännchen auf dem Eßtisch, damit jeder nach seinem eigenen Geschmack dem Essen noch eine Portion hinzufügen kann.

Nicht nur auf dem Land, sondern auch in den Städten gibt es zahlreiche kleine und größere Märkte, auf denen alles zu finden ist, was für ein gutes Essen benötigt wird.

Zwiebeln, Schweineschmalz ...

Ihre erste Blütezeit erlebte die ungarische Kochkunst Ende des 15. Jahrhunderts unter Matthias I. Corvinus. An seinem Hof wurde der Überlieferung nach üppig getafelt. Seine Gemahlin Beatrix von Neapel ließ aus ihrer Heimat Käse, Dill, Knoblauch und Zwiebeln kommen, Zutaten, die bei der Zubereitung ungarischer Rezepte heute nicht mehr wegzudenken sind.

So hängen von der Art und Weise, wie die Zwiebeln angebraten werden, Geschmack und Farbe des jeweiligen Gerichts ab. Im heißen Fett werden sie entweder bei geschlossenem Deckel – wenn sie eher weich und glasig werden sollen – oder unter ständigem Rühren – wenn sie goldgelb bis dunkelbraun werden sollen – bei mittlerer Hitze langsam gebraten. Butter wird dabei im allgemeinen verschmäht, dagegen mit Überzeugung Schweineschmalz verwendet, ersatzweise auch Öl. Die Kombination von Schweineschmalz (dem viele ungarische Hausfrauen noch Speckwürfel hinzufügen) und Gewürzen ergibt den für die Küche des Landes so typischen Geschmack.

... und natürlich Paprika!

Als Károly Gundel, der berühmteste ungarische Koch unseres Jahrhunderts, die Küche seines Landes charakterisieren sollte, beschränkte er sich auf drei Wörter: »Zwiebeln, Schweineschmalz, Paprika!« Der Paprika gilt als typisch ungarisches Gewürz, kam aber erst 1494 aus Amerika nach Spanien und in die Türkei. Die Ungarn lernten ihn im 16. Jahrhundert unter der türkischen Besatzung kennen, ebenso wie die mit Fleisch gefüllten Weinblätter, Pogatschen, Palatschinken und Strudel. Vor allem in Südungarn ist im Laufe der Zeit ein riesiges Paprikaanbaugebiet entstanden. Die leichten Böden, die feuchten Frühjahre und die heißen Sommer sind die besten Bedingungen für Wachstum und Reife. Hier gibt es die roten, grünen und gelben Paprika, die sehr Vitamin-C-reich sind und sowohl roh als auch gegart verzehrt werden. Vor allem gibt es hier aber den spindelförmigen Paprika, der getrocknet und gemahlen als Gewürz verwendet wird. Die Schärfe liefern die Kerne und die Trennwände der Früchte, in denen das Alkaloid Kapsaizin gelagert ist. Paprikapulver ist in verschiedenen Schärfegraden im Handel: Delikatesspaprika ist sehr mild, edelsüßer Paprika ist mäßig scharf, Rosenpaprika bringt Feuer in den Topf, erreicht aber bei weitem nicht die Schärfe des ihm ähnlichen Cayennepfeffers. Paprikapulver enthält Zucker und sollte deshalb nie stark erhitzt, sondern gleich verrührt werden, weil sonst der Zucker karamelisiert und Geschmack und Farbe darunter leiden.

Das Rot des Paprikas prägt die Speisen, die Landschaft und die Volkskunst.

Fisch in Töpfen und Pfannen

Der Einfluß der Habsburger führte im 16. Jahrhundert dazu, daß die sehr bodenständige Küche verfeinert wurde, ohne dabei ihren Charakter zu verlieren. Neue Speisen kamen hinzu, so die Suppen, die in Ungarn immer kräftig und sättigend sind und meistens mit einer Mehlschwitze angedickt werden. Wann die berühmte Fischsuppe »Halászlé« entstand, ist nicht überliefert. Sie hat in der Küchentradition dieselbe Bedeutung wie das Gulasch, erinnert entfernt an eine deftige Bouillabaisse und wird grundsätzlich nur mit Süßwasserfischen zubereitet, die es in den ungarischen Seen und Flüssen reichlich gibt. Am berühmtesten ist der Zander aus dem Plattensee, »Fogas« genannt, der – wegen der fehlenden Wasserströmung – noch zarter als der aus der Donau sein soll. Für sein feines weißes festes Fleisch gibt es viele Zubereitungsarten. Die typischste ist jene, bei der der Zander mit einer Mischung aus Mehl und Paprika leuchtend rot paniert und in Schmalz gebraten wird. Auch Forellen, frisch geräuchert, Karpfen, Welse und Hechte werden reichlich angeboten.

Gänseleberpastete – Heimatliebe, die durch den Magen geht

Zu den weltberühmten Exportartikeln der Ungarn gehört neben Gulasch und Paprika die Gänseleberpastete. Um möglichst große Lebern zu erhalten, werden die Tiere die letzten vier Wochen vor ihrer Schlachtung mit in Milch eingeweichtem Getreide gefüttert. Tatsächlich können die Lebern auf diese Weise bis zu drei Pfund schwer werden. Ihre Farbe ist blaßgelb – im Gegensatz zu der rosigen Elsässer und der weißen Toulouser Gänseleber –, der Biß angenehm fest. Gänseleber wird als Vorspeise gegessen, als Füllung verwendet und zu der berühmten Pastete verarbeitet, deren Genuß in jedem Ungarn ein Stück Heimat aufkommen läßt.

Mehlspeisen, köstlicher als in Österreich

Vor allem in den Mehlspeisen schlägt sich der österreichische Einfluß auf die ungarische Küche nieder. Zum Nachtisch werden entweder köstliche Kuchen, mit Creme oder Marmelade gefüllt, oder die einzigartigen Palatschinken gereicht, für die es nahezu ebenso viele Füllungen wie Köche gibt. Besonders gepriesen wird das auch hier angeführte Rezept von Károly Gundel, das mit seiner delikaten Nußfüllung und der herben Schokoladensauce nicht zu übertreffen ist.

Weine, berühmt und einzigartig

Zu den eher gehaltvollen Mahlzeiten schmeckt am besten ein leichter trockener Wein. Die ungarischen Weine sind berühmt für ihre gute Qualität. Am bekanntesten ist der »Egri Bikavér« (Stierblut aus Eger), der seinen Namen seiner wunderbar tiefroten Farbe verdankt. Weltberühmt ist der Tokajer Wein, ein in seiner Qualität unübertroffener Dessertwein. Er kommt aus dem Nordosten des Landes, wo auf Vulkanerde die Furminttrauben wachsen. Tokajer wird aus überreifen Beeren gepreßt, deren Schale von der Edelfäule befallen ist. Diese Fäule, die nur in bestimmten Gegenden auftritt, wirkt sich auf den Zuckergehalt und das Aroma des Weines aus. Es gibt fünf verschiedene Qualitäten: Ordinari, Szamorodny, Masslacz, Ausbruch und Essenz. »Eszencia« wird nicht durch Pressung gewonnen, sondern entsteht aus dem Saft, der sich an dem Boden kleiner Fässer durch den Druck der Trauben ansammelt. Sobald dieser Saft mit Luft in Berührung kommt, geht er in Gärung über. Im Gegensatz zu den übrigen Tokajersorten, die einen durchschnittlichen Alkoholgehalt von 13 bis 15 Prozent haben, hat Essenz oft nur acht Prozent, ist aber jahrelang haltbar.

Palatschinken mit Fleischfüllung

Hortobágyi húsos palacsinta

Zutaten für etwa 12 Palatschinken:

Für den Teig:

2 Eier
1 Prise Salz
400 ml Milch (oder 200 ml Milch und 200 ml Mineralwasser)
240 g Mehl
Zum Backen: Öl

Für die Füllung:

500 g Kalbsschulter ohne Knochen
2 mittelgroße Zwiebeln
4 Eßl. Öl
1 gehäufter Teel. Paprikapulver, edelsüß
Salz
schwarzer Pfeffer, frisch gemahlen
2 Eßl. saure Sahne

Für die Sauce:

2 Eßl. Mehl
300 g saure Sahne

Raffiniert

Pro Stück etwa:
880 kJ/210 kcal
13 g Eiweiß · 8g Fett
20 g Kohlenhydrate

- Zubereitungszeit etwa: 1 1/2 Stunden

1. Für den Teig die Eier, das Salz und 200 ml Milch in einer Rührschüssel mit dem Schneebesen des Handrührgeräts gründlich verquirlen. Das Mehl eßlöffelweise untermischen. Die restliche Milch oder das Mineralwasser nach und nach dazugießen und so lange verrühren, bis ein dickflüssiger glatter Teig entstanden ist. Den Teig beiseite stellen und quellen lassen.

2. Für die Füllung das Fleisch waschen, trockentupfen und in etwa 2 cm große Würfel schneiden.

3. Die Zwiebeln schälen und klein würfeln. In einer Kasserolle das Öl erhitzen und die Zwiebeln darin glasig braten. Die Kasserolle von der Herdplatte nehmen und das Paprikapulver schnell einrühren. Das Fleisch sowie Salz und Pfeffer hinzufügen, alles gründlich vermischen und einige Minuten anbraten. So viel Wasser dazugießen, daß das Fleisch gerade bedeckt ist. Zugedeckt bei schwacher Hitze etwa 50 Minuten schmoren lassen. Wenn die Flüssigkeit verdampft ist, etwas Wasser nachgießen. Von Zeit zu Zeit umrühren.

4. Inzwischen eine beschichtete oder schwere gußeiserne Pfanne erhitzen und darin 2 Teelöffel Öl zerlaufen lassen. Eine Schöpfkelle voll Teig in die Pfanne gießen und gleichmäßig über den Boden verteilen. Bei starker Hitze den Palatschinken auf jeder Seite in etwa 2 Minuten goldgelb backen, dann beiseite stellen. Die anderen elf Palatschinken auf die gleiche Art backen.

5. Mit einem Schaumlöffel das Fleisch aus dem Schmorsaft heben und kleinhacken oder durch den Fleischwolf drehen. Den Schmorsaft in einen Meßbecher gießen, das Fleisch in die Kasserolle zurückgeben. Ein Drittel von dem Schmorsaft und die saure Sahne zum Fleisch gießen und verrühren. Etwa 10 Minuten offen köcheln lassen, bis die Füllung cremig ist.

6. Für die Sauce den restlichen Schmorsaft in einen kleinen Topf geben. Das Mehl mit der sauren Sahne glattrühren und unter ständigem Rühren zum Schmorsaft gießen. Etwa 5 Minuten köcheln lassen. Den Backofen auf 150° vorheizen.

7. Die Palatschinken jeweils mit 1 Eßlöffel Fleischmasse füllen. Die Teigränder einschlagen und die Palatschinken aufrollen. Nebeneinander in eine feuerfeste Form legen. Die Sauce darüber gießen. Die Palatschinken im Backofen (Mitte) etwa 5 Minuten überbacken und heiß servieren (Gas Stufe 1). Wer mag, kann sie mit gehackter Petersilie bestreuen.

Variante:
Sie können für die Palatschinkenfüllung auch Schweine-, Rind- oder Hühnerfleisch verwenden. Die Zubereitung ist immer die gleiche wie bei Kalbfleisch.

Palatschinken gibt es in Ungarn in unzähligen Variationen. Mit Fleisch gefüllt und überbacken sind sie eine delikate Vorspeise.

Forelle mit Dillsauce

Pisztráng kapor szósszal

Zutaten für 4 Personen:
einige große Salatblätter
2 große Tomaten
1 unbehandelte Zitrone
1 Bund Frühlingszwiebeln
1 mittelgroße Gurke (etwa 200 g)
4 geräucherte Forellenfilets (je etwa 100 g)
Für die Sauce:
1 Eigelb
1 Prise Salz
1 Teel. Zitronensaft
150 ml Olivenöl
1 Bund Dill, frisch gehackt
1/2 Teel. Puderzucker
200 g Vollmilchjoghurt

Schnell

Pro Portion etwa:
2200 kJ/520 kcal
4 g Eiweiß · 40 g Fett
9 g Kohlenhydrate

- Zubereitungszeit: etwa 20 Minuten

1. Die Salatblätter, die Tomaten, die Zitrone, die Zwiebeln und die Gurke waschen und trockentupfen. Die Tomaten und die Zitrone achteln, dabei von den Tomaten die Stielansätze entfernen. Von den Zwiebeln den Wurzelansatz und das dunkle Grün abschneiden, die Gurke in Scheiben schneiden.

2. Einen großen Teller mit den Salatblättern auslegen. Die Forellenfilets mit dem Gemüse und den Zitronenachteln darauf anrichten.

3. Das Eigelb mit dem Salz und dem Zitronensaft verrühren. Unter ständigem Rühren das Öl erst tropfenweise, dann in einem dünnen Strahl dazugiessen. So lange rühren, bis die Sauce cremig ist. Den Dill, den Puderzucker und den Joghurt untermischen. Die Sauce getrennt zu dem Fisch servieren.

Butterpogatschen

Ropogós vajaspogácsa

Zutaten für etwa 50 Stück:
600 g Mehl
1 Eßl. Salz
100 ml Milch
1 Würfel Hefe (42 g)
1 Eßl. Zucker
120 g Butter
4 zimmerwarme Eigelbe
250 g saure Sahne
200 g Trappistenkäse, ersatzweise 50 g Sesamsamen
Für die Arbeitsfläche: Mehl

Für Gäste

Bei 50 Stück pro Stück etwa:
300 kJ/71 kcal
1 g Eiweiß · 3 g Fett
10 g Kohlenhydrate

- Zubereitungszeit: etwa 2 1/2 Stunden (davon 1 1/4 Stunden Ruhezeit und 1/2 Stunde Backzeit)

1. Das Mehl mit dem Salz in einer großen Schüssel vermischen. In die Mitte eine Mulde drücken.

2. Die Milch lauwarm erhitzen. Die Hefe zerbröckeln, in der Mulde mit 4 Eßlöffeln Milch, dem Zucker und etwas Mehl verrühren, bis sie sich aufgelöst hat. Den Vorteig zugedeckt bei Zimmertemperatur etwa 15 Minuten ruhen lassen, bis sich sein Volumen verdoppelt hat.

3. Die Butter in der restlichen Milch zerlassen. Den Vorteig mit dem Mehl, der Milch-Butter-Mischung, 2 Eigelben und der sauren Sahne verrühren, bis der Teig Blasen wirft und sich vom Schlüsselrand löst. Den Teig zugedeckt bei Zimmertemperatur etwa 45 Minuten gehen lassen, bis sich sein Volumen verdoppelt hat.

4. Die Arbeitsfläche mit Mehl bestreuen und den Teig darauf etwa 2 cm dick ausrollen. In die Oberfläche parallel etwa 1/2 cm tiefe Furchen drücken. Kreise von etwa 4 cm Durchmesser ausstechen, auf zwei Backblechen verteilen und etwa 15 Minuten gehen lassen.

5. Den Backofen auf 180° vorheizen. Die restlichen Eigelbe verrühren. Den Käse reiben. Die Pogatschen mit den Eigelben bestreichen, mit dem Käse oder dem Sesamsamen bestreuen und nacheinander im Backofen (Mitte) in etwa 30 Minuten fertigbacken (Gas Stufe 2). Lauwarm oder kalt servieren.

Im Bild oben: Forelle mit Dillsauce
Im Bild unten: Butterpogatschen

Hühnersuppe nach Ujházy

Ujházy tyúkleves

Diese Suppe ist nach dem großen Schauspieler Ede Ujházy (1844-1915) benannt. In Ungarn wird das Hühnerfleisch vor dem Servieren nicht ausgelöst, aber Sie können natürlich nach Fertigstellung der Suppe die Knochen entfernen, wenn Ihnen das während des Essens zu umständlich ist.

Zutaten für 6 Personen:

1 küchenfertiges Huhn (etwa 1,5 kg)
Salz
1 Möhre (etwa 120 g)
1 Petersilienwurzel (etwa 100 g)
1 Stück Knollensellerie (etwa 100 g)
1 kleiner Kohlrabi (etwa 50 g)
1 mittelgroße Zwiebel
150 g Champignons
100 g Blumenkohl
1 mittelgroße Paprikaschote
200 g gepalte Erbsen, frisch oder tiefgekühlt
10 weiße Pfefferkörner
1 Bund Petersilie, frisch gehackt

Für die Suppeneinlage:

120 g Mehl
1 Ei
Salz
Für die Arbeitsfläche: Mehl

Berühmtes Rezept

Pro Portion etwa:
600 kJ/140 kcal
9 g Eiweiß · 2 g Fett
23 g Kohlenhydrate

- Zubereitungszeit: etwa 2 Stunden

1. Das Huhn innen und außen gründlich waschen und trockentupfen. Die Flügel und die Keulen abtrennen. Das übrige Huhn in sechs Teile zerlegen. Alles in einen Topf mit etwa 2 l kaltem Wasser geben, aufkochen lassen und abschäumen. Salzen und bei schwacher Hitze etwa 1 Stunde 20 Minuten garen.

2. Die Möhre, die Petersilienwurzel, den Sellerie, den Kohlrabi und die Zwiebel schälen und würfeln. Die Pilze putzen und in Scheiben schneiden. Den Blumenkohl waschen und in Röschen teilen. Die Paprikaschote halbieren, vom Stielansatz, den Kernen und den weißen Trennwänden befreien, waschen und würfeln.

3. Das vorbereitete Gemüse zusammen mit den Erbsen zum Huhn geben. Mit Salz und den Pfefferkörnern würzen. Die Suppe bei schwacher Hitze etwa 20 Minuten bei geschlossenem Deckel kochen lassen, bis das Gemüse bißfest ist.

4. Aus dem Mehl, dem Ei, Salz und wenig Wasser einen festen Teig kneten, etwa 20 Minuten ruhen lassen, dann auf der bemehlten Arbeitsfläche dünn ausrollen und in schmale Streifen schneiden. In kochendem Salzwasser etwa 5 Minuten garen. Die Suppe mit der Petersilie bestreuen und mit den Nudeln servieren.

Palotzensuppe

Palócleves

Die Palotzen sind eine Volksgruppe in Ungarn. Diese Suppe, die aus Lammfleisch und Gemüse zubereitet wird, ist dem »großen Palotz«, dem Schriftsteller Kálmán Mikszáth (1847–1910), gewidmet.

Zutaten für 4 Personen:
600 g Lammkeule oder -schulter ohne Knochen
2 mittelgroße Zwiebeln
1 Eßl. Schweineschmalz, ersatzweise 3 Eßl. Öl
1 Teel. Paprikapulver, edelsüß
Salz
2 Knoblauchzehen
1/2 Teel. Kümmel
300 g grüne Bohnen
300 g festkochende Kartoffeln
4–5 Lorbeerblätter
1 Eßl. Mehl
200 g saure Sahne
1 Eßl. Estragonessig, ersatzweise Zitronensaft
Petersilie, frisch gehackt

Braucht etwas Zeit

Pro Portion etwa:
2300 kJ/550 kcal
32 g Eiweiß · 38 g Fett
18 g Kohlenhydrate

- Zubereitungszeit: etwa 2 Stunden

1. Das Fleisch waschen, trockentupfen und in mundgerechte Würfel schneiden. Eventuell vorhandenes Fett dabei entfernen. Die Zwiebeln schälen und hacken. In einem großen Topf das Schmalz oder das Öl erhitzen und die Zwiebelwürfel darin glasig braten. Das Paprikapulver darüber stäuben und schnell verrühren.

2. Das Fleisch hinzufügen, kräftig anbraten und salzen. Den Knoblauch schälen, durch die Presse drücken und mit dem Kümmel dazugeben. So viel Wasser auffüllen, daß das Fleisch gerade bedeckt ist. Bei schwacher Hitze etwa 1 Stunde 20 Minuten zugedeckt garen. Zwischendurch ein paarmal umrühren.

3. Die Bohnen waschen, putzen und in 2–3 cm lange Stücke schneiden. In etwa 1/2 l Salzwasser in 10–15 Minuten bißfest garen. Die Kartoffeln schälen, würfeln und mit den Lorbeerblättern in etwa 1/2 l Salzwasser bißfest kochen. Die Bohnen und die Kartoffeln jeweils mit dem Kochwasser zum Fleisch geben.

4. Die Flüssigkeitsmenge, wenn nötig, mit Wasser ergänzen, bis sie 2 l beträgt. Das Mehl mit der sauren Sahne glattrühren, in die Suppe geben und etwa 5 Minuten köcheln lassen. Die Suppe mit dem Estragonessig oder dem Zitronensaft abschmecken und mit Petersilie bestreut servieren.

Gulaschsuppe

Gulyásleves

Ursprünglich war das berühmte ungarische Gulasch eine Suppe. Mit viel Fleisch, Gemüse und Nockerln schmeckt sie auch als Hauptgericht.

Zutaten für 4 Personen:
600 g Rindfleisch (Hals, Schulter, Hesse, möglichst gemischt)
2 mittelgroße Zwiebeln
1 Eßl. Schweineschmalz, ersatzweise 3 Eßl. Öl
1 Teel. Paprikapulver, edelsüß
Salz
200 ml trockener Weißwein, ersatzweise Wasser
1 1/2 l Fleischbrühe
600 g festkochende Kartoffeln
2 mittelgroße Paprikaschoten
Für die Suppeneinlage:
80 g Mehl
1 Ei
Salz
Für die Arbeitsfläche: Mehl

Berühmtes Rezept

Pro Portion etwa:
2200 kJ/520 kcal
37 g Eiweiß · 19 g Fett
41 g Kohlenhydrate

- Zubereitungszeit: etwa 1 Stunde 25 Minuten

1. Das Fleisch waschen, trockentupfen und in mundgerechte Würfel schneiden. Die Zwiebeln schälen und hacken.

2. Das Schweineschmalz oder das Öl in einem Topf erhitzen und die Zwiebeln darin unter Rühren goldgelb braten.

3. Das Fleisch zu den Zwiebeln geben, mit dem Paprikapulver bestäuben und salzen. Unter Rühren so lange braten, bis der Fleischsaft verdunstet ist.

4. Das Fleisch mit dem Wein oder Wasser angießen und bei schwacher Hitze etwa 1 Stunde zugedeckt schmoren lassen. Zwischendurch mehrmals umrühren und, wenn weniger als etwa 2 Finger hoch Flüssigkeit im Topf ist, Brühe nachgießen. Das Fleisch soll nicht in der Flüssigkeit kochen, sondern in deren Dampf garen.

5. Inzwischen die Kartoffeln waschen, schälen und würfeln. Die Paprikaschoten halbieren, von den Stielansätzen, den Kernen und den weißen Trennwänden befreien, waschen und in etwa 1 cm große Würfel schneiden.

6. Für die Suppeneinlage aus dem Mehl, dem Ei und Salz einen festen Teig kneten. Die Arbeitsfläche mit Mehl bestreuen und den Teig darauf etwa messerrückendick ausrollen. Etwa 10 Minuten trocknen lassen. Mit bemehlten Händen in kleine Stücke zupfen.

7. Den Schmorsaft bis auf das Fett einkochen lassen. Die Kartoffeln und die Paprikaschoten dazugeben. Bei schwacher Hitze unter Wenden anbraten, bis die Kartoffeln glasig werden. Die restliche Brühe angießen und etwa 10 Minuten köcheln lassen.

8. Die Nockerln in die heiße Suppe geben und ein paarmal umrühren. Die Suppe servieren, sobald die Nockerln an die Oberfläche gestiegen sind.

Varianten:

Bohnengulasch

Dieses Gulasch wird statt mit Kartoffeln mit getrockneten weißen Bohnen zubereitet. Dafür 300 g Bohnen in einer Schüssel mit Wasser über Nacht einweichen. Dann das Gulasch wie oben beschrieben zubereiten, wobei die Bohnen gleich am Anfang zum Fleisch gegeben werden.

Gulasch auf Tschangoart

Bei diesem Gulasch werden die Kartoffeln durch 400 g frisches Sauerkraut ersetzt. Das Gulasch wie oben beschrieben zubereiten, dabei das Fleisch etwa 1 Stunde schmoren lassen. Dann das Sauerkraut hinzufügen und alles noch etwa 30 Minuten garen. Statt der Nockerln können Sie als Einlage 80 g gekochten Reis dazugeben. Mit 200 g saurer Sahne servieren.

Tip!

Zu Gulasch passen frische Brötchen und trockener Rotwein.

Das älteste, berühmteste und für viele das beste Gericht der Ungarn: Gulaschsuppe.

Bohnensuppe

Bableves

Zutaten für 4 Personen:
1 geräuchertes Eisbein (etwa 1 kg)
250 g getrocknete Bohnen
1 Möhre (etwa 100 g)
1 Petersilienwurzel (etwa 100 g)
1 Stück Knollensellerie (etwa 100 g)
1 mittelgroße Zwiebel
1 Bund Petersilie, frisch gehackt
1 Lorbeerblatt
1 Knoblauchzehe
schwarzer Pfeffer, frisch gemahlen
1/2 Eßl. Schweineschmalz, ersatzweise 1 1/2 Eßl. Öl
2 Eßl. Mehl
1/2 Teel. Paprikapulver, edelsüß
1 Eßl. Essig
1 Eßl. Puderzucker
saure Sahne

Braucht etwas Zeit

Pro Portion etwa:
1500 kJ/360 kcal
21g Eiweiß · 11 g Fett
39 g Kohlenhydrate

- Vorbereitungszeit: etwa 2 1/2 Stunden
- Einweichzeit: über Nacht
- Zubereitungszeit: etwa 1 1/2 Stunden

1. Am Vortag das Eisbein unter fließendem Wasser gründlich waschen. Mit 2 l Wasser in einen Topf geben. Etwa 2 Stunden bei schwacher Hitze zugedeckt kochen lassen, bis die Schwarte weich ist. Von der Herdplatte nehmen und kühl stellen. Die Bohnen in einer Schüssel mit Wasser über Nacht einweichen.

2. Am nächsten Tag das erstarrte Fett von der Oberfläche der Fleischbrühe abheben und beiseite stellen. Das Fleisch aus der Brühe nehmen und ebenfalls beiseite stellen.

3. Die Bohnen abgießen, in die Fleischbrühe geben und zum Kochen bringen.

4. Die Möhre, die Petersilienwurzel und den Sellerie waschen, schälen und in etwa 1/2 cm dicke Scheiben schneiden. Die Zwiebel schälen und fein würfeln.

5. In einer Pfanne das Fett von der Fleischbrühe erhitzen und die Möhren-, die Petersilienwurzel- und die Selleriescheiben anbraten. Mit der Zwiebel und der Petersilie in die Suppe geben, das Lorbeerblatt hinzufügen. Den Knoblauch schälen und durch die Presse in den Topf drücken. Alles etwa 1 Stunde bei schwacher Hitze zugedeckt garen. Mit Pfeffer würzen.

6. Das Schmalz oder das Öl in einer Pfanne erhitzen, das Mehl darüber stäuben und goldgelb anschwitzen. Das Paprikapulver unterrühren. Den Topf von der Herdplatte nehmen und die Mehlschwitze abkühlen lassen.

7. Das Fleisch vom Knochen lösen, in mundgerechte Würfel schneiden und in der Suppe erwärmen. Die kalte Mehlschwitze mit etwas Wasser verrühren und in die Suppe gießen. Alles nochmals aufkochen lassen. Mit dem Essig und dem Puderzucker abschmecken. Als Einlage gezupfte Nockerln (Rezept Seite 14) geben. Die Suppe mit saurer Sahne servieren.

Tip!

Wenn die Fleischbrühe sehr salzig ist, nur die Hälfte davon zum Kochen verwenden, die andere Hälfte durch Wasser ersetzen.

Variante:

Sommer-Bohnensuppe

Bei dieser Variante können Sie auf das Fleisch verzichten. Statt der getrockneten Bohnen verwenden Sie 600 g grüne Bohnen, die Sie waschen, putzen und in Stücke schneiden. Das Schmalz in einer Pfanne erhitzen, wie oben beschrieben das vorbereitete Gemüse und die Bohnen hineingeben und anbraten. Mit Salz, Pfeffer und Paprikapulver bestreuen, mit 2 l Wasser angießen und bei schwacher Hitze 15–20 Minuten kochen lassen. Die saure Sahne mit dem Mehl und dem durchgepreßten Knoblauch glattrühren, in die Suppe rühren und etwa 5 Minuten kochen lassen. Die Suppe mit Essig und Zucker abschmecken.

Die Bohnensuppe ist ein sättigendes ländliches Gericht.

Fischsuppe

Halászlé

Die Fischsuppe hat in Ungarn eine ebenso reiche Tradition wie die Gulaschsuppe. Es gibt viele regionale Varianten; drei davon finden Sie hier.
Den Karpfen können Sie sich eventuell schon vom Händler ausnehmen und filetieren lassen. Die Fischreste lassen Sie sich mitgeben.

Zutaten für 4 Personen:
1 Karpfen (etwa 1,5 kg),
Salz
200 g Zwiebeln
1 große Tomate
150 g Paprikaschoten
250 g Süßwasserfische, z.B. Aitl, Brachsen oder Weißfisch
2 Teel. Paprikapulver, edelsüß
1 Prise Paprikapulver, rosenscharf

Gut vorzubereiten

Pro Portion etwa:
1600 kJ/380 kcal
62 g Eiweiß · 14 g Fett
4 g Kohlenhydrate

- Zubereitungszeit: etwa 2 1/2 Stunden

1. Wenn nicht schon vom Händler vorbereitet, den Karpfen am Schwanz nehmen und unter fließendem kalten Wasser mit einem großen scharfen Messer die Schuppen in Richtung Kopf abkratzen.

2. Den Karpfen auf die Arbeitsfläche legen. Mit einer Küchenschere die Flossen dicht am Körper abschneiden, mit einem scharfen Messer den Kopf abtrennen und die Kiemen entfernen. Alle Reste beiseite stellen. Den Fisch noch einmal unter lauwarmem Wasser gründlich waschen.

3. Zum Ausnehmen den Karpfen an der Bauchseite längs aufschneiden und die Innereien herausnehmen. Rogen, Milch und eventuell Leber in einer Schüssel zugedeckt in den Kühlschrank stellen. Die Gallenblase beim Ausnehmen nicht verletzen, das Fischfleisch kann dadurch ungenießbar werden. Sofort wegwerfen!

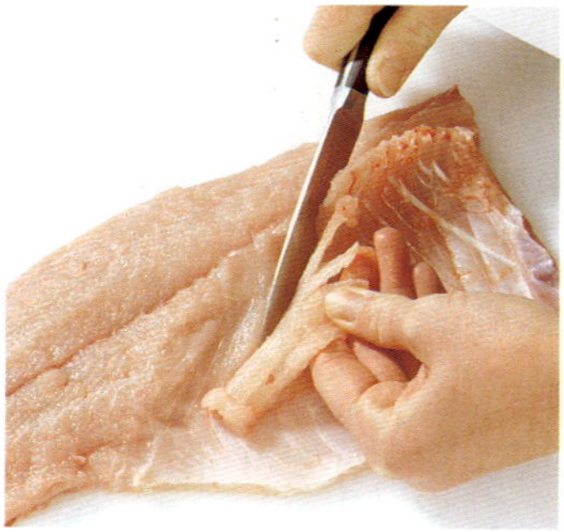

4. Den Karpfen entlang des Rückens einschneiden, bis das Rückgrat freiliegt. Nun das obere Filet entlang der seitlichen großen Gräten abtrennen. Das untere Filet ebenfalls von den Gräten abtrennen. Alle kleinen Gräten mit einer Pinzette aus dem Filet ziehen. Die Filetstücke häuten.

5. Die Filets in etwa 3 cm breite Streifen schneiden, leicht salzen und zu den Innereien in den Kühlschrank legen. Die Zwiebeln schälen. Die Tomate und die Paprikaschoten waschen, die Stielansätze entfernen, die Schoten halbieren und von den Kernen und den weißen Trennwänden befreien. Zusammen mit den Zwiebeln in Stücke schneiden.

6. In einen Topf 2 l Wasser füllen. Den Kopf, die Kiemen, das Rückgrat, die Flossen, die Haut und die Süßwasserfische mit dem vorbereiteten Gemüse hineingeben. Salzen und bei schwacher Hitze zugedeckt 1–1 1/2 Stunden kochen lassen.

7. Die Brühe durch ein Sieb gießen. Die großen Gräten entfernen. Den übrigen Siebinhalt durch die Maschen streichen oder mit dem Pürierstab pürieren. In die Brühe zurückgeben.

8. Die Filets, den Rogen, die Milch und die Leber in die Suppe geben, mit dem Paprikapulver würzen und etwa 10 Minuten ziehen lassen. Zu der Suppe paßt ein halbtrockener ungarischer Weißwein.

Varianten:

Theiß-Fischsuppe

Die Suppe wird wie oben beschrieben zubereitet, außer Karpfen gehören aber noch verschiedene andere Fischsorten dazu. Zum Beispiel können Sie eine Mischung aus 600 g Karpfen, 400 g Wels, 300 g Sterlet und 300 g Zander verwenden.

Fischsuppe für Nachtschwärmer

Die Grundbrühe wie oben beschrieben zubereiten, 1 Lorbeerblatt hinzufügen. 1 Teelöffel Mehl in 200 g saurer Sahne verrühren, etwas Zitronensaft dazugeben. Die Mischung in die heiße Brühe rühren. Die Suppe mit Zitronenscheiben garniert servieren.

Donau-Fischsuppe

Bereiten Sie die Fischsuppe wie oben beschrieben zu und geben als Einlage »gezupfte Nudeln« hinein: 120 g Mehl mit 1 Ei und etwas Salz zu einem festen Teig verkneten. Auf einer bemehlten Arbeitsfläche nicht zu dünn ausrollen, in etwa 2 cm breite Streifen schneiden und würfeln. Die Nudeln in kochendes Salzwasser geben. Wenn sie nach oben steigen, mit einem Schaumlöffel herausheben und in der Fischsuppe servieren.

Zander auf ungarische Art

Süllöszelet magyarosan

Lassen Sie den Fisch vom Händler filetieren und sich die Reste für die Brühe mitgeben.

Zutaten für 4 Personen:
2 mittelgroße Zwiebeln
2 mittelgroße Paprikaschoten
1 mittelgroße Tomate
70 g Butter
Salz
1 Teel. Paprikapulver, edelsüß
1,2 kg junger Zander (Filet und Fischreste)
1/8 l trockener Weißwein
1 gehäufter Eßl. Mehl
200 g saure Sahne
Für die Form: Butter

Gelingt leicht

Pro Portion etwa:
1200 kJ/290 kcal
31 g Eiweiß · 14 g Fett
6 g Kohlenhydrate

- Zubereitungszeit: etwa 1 1/2 Stunden

1. Die Zwiebeln schälen und hacken. Die Paprikaschoten halbieren, von den Stielansätzen, den Kernen und den weißen Trennwänden befreien, waschen und kleinschneiden. Die Tomate mit kochendem Wasser überbrühen, kurz darin ziehen lassen, kalt abschrekken, häuten, vom Stielansatz befreien und würfeln.

2. Die Zwiebeln in 50 g Butter glasig braten, die Paprika- und die Tomatenwürfel etwa 5 Minuten mitbraten. Salzen und mit 1/2 Teelöffel Paprikapulver bestreuen. 1/2 l Wasser und die Fischreste dazugeben und etwa 1 Stunde kochen lassen.

3. Den Backofen auf 200° vorheizen. Die Filets waschen, trockentupfen und salzen. Eine feuerfeste Form einfetten, die Filets und den Wein hineingeben. Zugedeckt etwa 20 Minuten im Backofen (Mitte) garen (Gas Stufe 3).

4. Die Brühe durchsieben. Die restliche Butter erhitzen, das Mehl darüber stäuben und hellbraun anschwitzen. Die Brühe, die saure Sahne und das restliche Paprikapulver einrühren und aufkochen lassen. Die Filets mit der Sauce servieren.

Forelle mit Gänseleber

Libamájjal töltött pisztráng

Zutaten für 6 Personen:
350 g Gänseleber, ersatzweise Putenleber
Salz
schwarzer Pfeffer, frisch gemahlen
50 ml Cognac
50 ml trockener Weißwein
50 g Sahne
2 Eier
2 Brötchen
1 Bund Petersilie, frisch gehackt
6 küchenfertige Forellen (möglichst gleich groß, insgesamt etwa 2 kg)
extrastarke Alufolie
Für die Alufolie: 1 Eßl. flüssige Butter

Raffiniert

Pro Portion etwa:
1500 kJ/360 kcal
49 g Eiweiß · 12 g Fett
9 g Kohlenhydrate

- Marinierzeit: 12 Stunden
- Zubereitungszeit: etwa 1 Stunde

1. Die Gänseleber oder die Putenleber fein würfeln, salzen, pfeffern und in dem Cognac zugedeckt über Nacht marinieren.

2. Den Wein, die Sahne und die Eier verrühren. Die Brötchen fein würfeln, dazugeben und salzen. Die Leber und die Petersilie unterrühren. Den Backofen auf 180° vorheizen.

3. Die Forellen innen und außen waschen, trockentupfen und leicht salzen. Mit der Lebermischung füllen.

4. 6 Stücke Alufolie zuschneiden und mit der Butter bestreichen. Jede Forelle auf ein Stück Alufolie legen. Die Folie über dem Fisch zusammenklappen und an den Seiten gut verschließen. Die Päckchen nebeneinander auf ein Backblech legen und im Backofen (Mitte) etwa 20 Minuten garen (Gas Stufe 2). Die Forellen aus der Folie nehmen und auf einer Platte anrichten.

Im Bild oben: Zander auf ungarische Art
Im Bild unten: Forelle mit Gänseleber

Hecht mit Dillsauce

Töltött csuka kaporszósszal

Im Herbst und Winter gefangener Hecht schmeckt am besten.

Zutaten für 4 Personen:
2 Hechtfilets (etwa 1 kg)
1 unbehandelte Zitrone
2 mittelgroße Möhren
1 große Petersilienwurzel
100 ml trockener Weißwein
Für die Füllung:
1 mittelgroße Tomatenpaprikaschote
1 Bund Petersilie
1 Brötchen
200 ml Milch
2 Eier
50 g Butter
100 g Mandeln, grob gemahlen
100 g Sahne
Salz
schwarzer Pfeffer, frisch gemahlen
Für die Sauce:
1 Bund Dill
1 Zitrone
50 g Butter
1 gehäufter Eßl. Mehl
200 g saure Sahne
200 g Sahne
100 ml trockener Weißwein
Salz
weißer Pfeffer, frisch gemahlen
2 Eigelb
Für die Form: Butter

Raffiniert

Pro Portion etwa:
4300 kJ/1000 kcal
62 g Eiweiß · 68 g Fett
33 g Kohlenhydrate

- Zubereitungszeit: etwa 1 Stunde 10 Minuten

1. Die Hechtfilets waschen und trockentupfen. Die Zitrone heiß waschen und abtrocknen. Die Schale abreiben und beiseite stellen. Den Saft auspressen. Die Hechtfilets mit etwas Zitronensaft beträufeln, den Saft etwa 10 Minuten einziehen lassen.

2. Für die Füllung die Paprikaschote vierteln, von dem Stielansatz, den Kernen und den weißen Trennwänden befreien, waschen und ganz fein würfeln. Die Petersilie waschen, trockenschütteln und ohne die dicken Stiele fein hacken. Das Brötchen in der Milch einweichen, leicht ausdrücken. Die Eier trennen, die Eiweiße in eine Rührschüssel fließen lassen, die Eigelbe mit der Butter schaumig rühren.

3. Die Zitronenschale und den restlichen Zitronensaft, die Paprikaschote, die Petersilie, das Brötchen und die Eier-Butter-Masse mit den Mandeln und der Sahne vermischen. Mit Salz und Pfeffer würzen. Die Eiweiße steif schlagen und unter die Füllung heben.

4. Den Backofen auf 180° vorheizen.

5. Die Möhren und die Petersilienwurzel putzen, schälen und in Scheiben schneiden.

6. Eine feuerfeste Form buttern. Das Gemüse hineingeben. Das eine Hechtfilet darauf legen, mit der Füllung bestreichen. Mit dem zweiten Filet bedecken, dabei etwas andrücken. Den Wein angießen. Den Fisch zugedeckt in etwa 20 Minuten im Backofen (Mitte) garen (Gas Stufe 2).

7. Für die Sauce den Dill waschen, trockenschütteln, von den dicken Stielen befreien und fein hacken. Die Zitrone auspressen. Die Butter in einem kleinen Topf erhitzen, das Mehl darüber stäuben und goldgelb anschwitzen. Unter ständigem Rühren die saure Sahne, die Hälfte der süßen Sahne, den Zitronensaft und den Wein dazugeben. Mit Salz und Pfeffer abschmecken. Einmal aufkochen lassen, von der Herdplatte nehmen und den Dill einstreuen. Die Sauce abkühlen lassen.

8. Den Fisch mit einem Schaumlöffel aus der Form heben und in etwa 3 cm dicke Scheiben schneiden. Die restliche Sahne und die Eigelbe in die Dillsauce rühren und getrennt zu dem Hecht reichen. Dazu passen gedünstetes Gemüse und kleine Kartoffelkugeln.

Hecht mit Dillsauce, gefüllt mit einer feinen Mandelfarce

Gebratener Zander

Fogas egészben sütve

Dieses Gericht ist ein traditionelles Weihnachtsessen in Ungarn, paßt aber auch sehr gut zu anderen festlichen Anlässen.

Zutaten für 4 Personen:
1 kg festkochende Kartoffeln
Salz
1 Bund Petersilie
2 küchenfertige Zander (zusammen etwa 1,5 kg)
3 gehäufte Eßl. Mehl
1 gehäufter Teel. Paprikapulver, edelsüß
1/2 l Öl zum Braten
1 Eßl. Butter
Für die Sauce:
2 Eigelb
Salz
weißer Pfeffer, frisch gemahlen
1 Eßl. Zitronensaft
200 g Öl
100 g saure Sahne
100 ml trockener Weißwein
1 Eßl. Puderzucker
2 Schaschlikspieße

Für Gäste

Pro Portion etwa:
8700 kJ/2100 kcal
59 g Eiweiß · 180 g Fett
43 g Kohlenhydrate

- Zubereitungszeit: etwa 1 Stunde

1. Die Kartoffeln schälen, waschen, in mundgerechte Würfel schneiden und mit 1/4 l Wasser und einem Teelöffel Salz in einen großen Topf geben. Einmal aufkochen lassen, dann zugedeckt bei schwacher Hitze in etwa 15 Minuten bißfest garen. Die Petersilie waschen, trockenschütteln, ohne die dicken Stiele fein hacken und beiseite stellen.

2. Für die Sauce in einer Schüssel mit dem Schneebesen des Handrührgeräts die Eigelbe rühren, bis eine weißliche Creme entstanden ist. Mit Salz und Pfeffer würzen und den Zitronensaft dazugeben. Unter kräftigem Rühren das Öl erst tropfenweise, dann in einem dünnen Strahl zufließen lassen. So lange weiterrühren, bis die Sauce dickflüssig geworden ist. Die saure Sahne und den Weißwein einrühren. Die Sauce mit dem Puderzucker abschmecken und kühl stellen.

3. Die Fische außen und innen waschen und trockentupfen. Die Seiten im Abstand von etwa 1 cm schräg einschneiden. Die Fische innen und außen salzen.

4. Das Mehl mit dem Paprikapulver gründlich vermischen. Die Fische darin wenden, bis sie vollkommen von dem roten Mehl bedeckt sind. Jeden Fisch mit dem Kopf und dem Schwanz so auf einen Schaschlikspieß stecken, daß er einen Halbkreis bildet.

5. Das Öl in einer großen Pfanne erhitzen. Die Fische darin bei mittlerer Hitze auf beiden Seiten knusprig braten.

6. Inzwischen die Butter in einem kleinen Topf zerlassen. Die Kartoffeln abgießen und in der Butter wenden. Mit der Petersilie bestreuen.

7. Von den Fischen die Schaschlikspieße entfernen. Die Zander auf einer Platte anrichten und mit den Petersilienkartoffeln garnieren. Die Sauce getrennt dazu reichen.

Tip!

Zander sollte immer frisch zubereitet werden, tiefgefroren verliert er an Geschmack.

Zander ist einer der edelsten Süßwasserfische. Gebraten in einer Mehl-Paprika-Panade und serviert mit Sauce Tartar ist er eine unübertreffliche Delikatesse.

Razischer Karpfen

Rácponty

Zutaten für 6 Personen:
1 kg festkochende Kartoffeln
150 g durchwachsener Räucherspeck in Scheiben, ohne Schwarte
1,2 kg Karpfenfilet
Salz
schwarzer Pfeffer, frisch gemahlen
1/2 Teel. Paprikapulver, edelsüß
250 g Paprikaschoten
150 g Tomaten
3 große Zwiebeln
3 Eßl. Öl
saure Sahne
1/2 Bund Petersilie, frisch gehackt
Für den Bräter: Butter

Gelingt leicht • Für Gäste

Pro Portion etwa:
2600 kJ/620 kcal
44 g Eiweiß · 38 g Fett
26 g Kohlenhydrate

- Zubereitungszeit etwa: 1 Stunde 25 Minuten

1. Die Kartoffeln waschen, mit 1/4 l Wasser in einen Topf geben und zugedeckt in 10–15 Minuten halbgar kochen lassen. Den Speck quer in 5–6 Streifen schneiden. Das Karpfenfilet im Abstand von etwa 2 cm etwa 4 cm lang einschneiden. Den Speck in die Einschnitte stecken. Die Filets salzen, pfeffern und mit dem Paprikapulver bestreuen.

2. Die Kartoffeln pellen und in Scheiben schneiden. Einen Bräter mit Butter ausstreichen. Die Kartoffeln hineinschichten und die Filets darauf legen. Den Backofen auf 200° vorheizen.

3. Die Paprikaschoten von den Stielansätzen, den Kernen und den weißen Trennwänden befreien, waschen und in Ringe schneiden. Die Tomaten mit kochendem Wasser überbrühen, kurz darin ziehen lassen, kalt abschrecken, häuten und vierteln, dabei ebenfalls die Stielansätze entfernen. Die Zwiebeln schälen und in dünne Scheiben schneiden. Das Öl erhitzen und die Zwiebeln darin goldgelb braten.

4. Die Zwiebeln mit den Tomaten und den Paprikaringen auf den Fisch schichten. Saure Sahne angießen. Die Petersilie darüber streuen. Offen im Backofen (Mitte) in etwa 35 Minuten garen (Gas Stufe 3).

Zander mit Champignons

Fogas gombás szósszal

Zutaten für 4 Personen:
1 kg Zanderfilet
Salz
150 ml trockener Weißwein
1 kleine Zwiebel
200 g Champignons
1 Eßl. Butter
1 Bund Petersilie, frisch gehackt
weißer Pfeffer, frisch gemahlen
1 gehäufter Eßl. Mehl
200 g Sahne
Für den Bräter: Butter

Für Gäste

Pro Portion etwa:
1700 kJ/400 kcal
45 g Eiweiß · 20 g Fett
6 g Kohlenhydrate

- Zubereitungszeit etwa: 45 Minuten

1. Den Backofen auf 200° vorheizen. Die Zanderfilets in 8 gleich große Stücke schneiden und salzen. Einen Bräter mit Butter ausstreichen, den Fisch hineinlegen und den Weißwein dazugießen. Den Bräter fest verschließen. Den Fisch im Backofen (Mitte) etwa 10 Minuten dünsten (Gas Stufe 3).

2. Die Zwiebel schälen und klein würfeln. Die Pilze waschen, wenn nötig, putzen und in Scheibchen schneiden. In einem Topf die Butter erhitzen und die Zwiebel glasig braten. Die Pilze und die Petersilie hinzufügen, salzen, pfeffern und bei mittlerer Hitze etwa 10 Minuten zugedeckt dämpfen. Den Saft bis auf das Fett einschmoren lassen. Das Mehl darüber stäuben und 1–2 Minuten unter Rühren mitbraten.

3. Die Filets aus dem Bräter heben. Den Weinsud auf die Pilze gießen und die Sahne einrühren. Alles einmal aufkochen lassen. Die Filets in den Fischtopf zurücklegen und mit der Sauce begießen. Im Backofen (Mitte) in etwa 10 Minuten fertiggaren.

Im Bild oben: Razischer Karpfen
Im Bild unten: Zander mit Champignons

Letscho

Lecsó

Letscho ist ein für Ungarn typisches Gericht, das als Hauptgang, aber auch als Beilage gegessen werden kann.

Zutaten für 4 Personen:
800 g Paprikaschoten
300 g Tomaten
3 große Zwiebeln
2 Scheiben durchwachsener Räucherspeck (etwa 50 g)
1 Eßl. Schweineschmalz, ersatzweise 3 Eßl. Öl
1 Teel. Paprikapulver, edelsüß
1 Prise Paprikapulver, rosenscharf
Salz

Gelingt leicht

Pro Portion etwa:
740 kJ/180 kcal
4 g Eiweiß · 14 g Fett
9 g Kohlenhydrate

- Zubereitungszeit: etwa 45 Minuten

1. Die Paprikaschoten von den Stielansätzen, den Kernen und den weißen Trennwänden befreien, waschen und in dünne Ringe schneiden.

2. Die Tomaten mit kochendem Wasser überbrühen, kurz darin ziehen lassen, kalt abschrecken und häuten. Achteln, dabei die Stielansätze entfernen.

3. Die Zwiebeln schälen und in dünne Scheiben schneiden. Den Speck von der Schwarte befreien und in kleine Würfel schneiden.

4. In einem Topf das Schmalz oder das Öl erhitzen und die Speckwürfel darin anbraten. Die Zwiebelscheiben hinzufügen und goldgelb braten. Die Paprikapulver darüber stäuben und schnell verrühren. Die Paprikaringe dazugeben, salzen und bei starker Hitze anbraten. Die Tomaten in den Topf geben und alles zugedeckt bei schwacher Hitze etwa 15 Minuten dünsten. Heiß servieren. Dazu schmeckt Reis.

Kartoffelpaprikasch

Paprikás krumpli

Zutaten für 4 Personen:
1,5 kg festkochende Kartoffeln
je 1 mittelgroße rote und grüne Paprikaschote
2 mittelgroße Tomaten
3 Scheiben durchwachsener Räucherspeck (etwa 60 g)
2 große Zwiebeln
1 Eßl. Schweineschmalz, ersatzweise 3 Eßl. Öl
1 Teel. Paprikapulver, edelsüß
1 Prise Paprikapulver, rosenscharf
Salz
300 g Kolbász-Wurst, ersatzweise Cabanossy

Preiswert

Pro Portion etwa:
2500 kJ/600 kcal
19 g Eiweiß · 36 g Fett
51 g Kohlenhydrate

- Zubereitungszeit: etwa 45 Minuten

1. Die Kartoffeln schälen, waschen und in mundgerechte Würfel schneiden.

2. Die Paprikaschoten halbieren, von den Stielansätzen, den Kernen und den weißen Trennwänden befreien und waschen. Die Tomaten mit kochendem Wasser überbrühen, kurz darin ziehen lassen, kalt abschrecken und häuten. Die Paprika und die Tomaten in etwa 1 cm große Würfel schneiden.

3. Den Speck von der Schwarte befreien und in kleine Würfel schneiden. Die Zwiebeln schälen und fein hacken. Das Schmalz oder das Öl in einem Topf erhitzen und den Speck darin glasig braten. Die Zwiebelwürfel hinzufügen und goldgelb braten. Den Topf von der Herdplatte nehmen und die Paprikapulver schnell einrühren. Die Kartoffeln in den Topf geben, salzen und unter Rühren anbraten. Die Paprikaschoten und die Tomaten 2–3 Minuten mitbraten. So viel Wasser auffüllen, daß das Gemüse gerade bedeckt ist. Das Paprikasch bei schwacher Hitze etwa 10 Minuten zugedeckt köcheln lassen.

4. Die Wurst in etwa 1/2 cm dicke Scheiben schneiden. Noch etwa 5 Minuten mitgaren, dabei die Sauce nach Belieben einkochen lassen.

Bild oben: Letscho
Bild unten: Kartoffelpaprikasch

Gefülltes Kraut

Töltött káposzta

Sauerkrautblätter erhalten Sie in Geschäften für Siebenbürger Spezialitäten, manchmal auch auf Märkten. Ersatzweise können Sie auch frische Weißkohlblätter verwenden.

Zutaten für 4 Personen:

1 Eßl. Schweineschmalz, ersatzweise
3 Eßl. Öl
100 g Reis
Salz
1,2 kg Sauerkraut (davon mindestens 8 mittelgroße Sauerkrautblätter)
80 g durchwachsener Räucherspeck ohne Schwarte
500 g Schweinehackfleisch
1 Ei
1 große Zwiebel
1 kleine Zwiebel
2 Knoblauchzehen
1 1/2 Teel. Paprikapulver, edelsüß
1 Prise Majoran
Pfeffer, frisch gemahlen
200 g geräuchertes Schweinerippchen
1 gehäufter Eßl. Mehl
300 g saure Sahne

Braucht etwas Zeit

Pro Portion etwa:
3200 kJ/760 kcal
45 g Eiweiß · 54 g Fett
30 g Kohlenhydrate

- Zubereitungszeit: etwa 2 1/2 Stunden

1. 1 Teelöffel Schmalz oder 1 Eßlöffel Öl erhitzen. Den Reis darin glasig braten, mit 100 ml Wasser ablöschen, salzen und zugedeckt etwa 5 Minuten vorgaren.

2. Die dicken Blattrippen von den Sauerkrautblättern flachschneiden, die Blätter auf der Arbeitsfläche ausbreiten.

3. Für die Füllung den Speck klein würfeln. Das Hackfleisch mit dem Ei, dem Reis und dem Speck vermengen. Die Zwiebeln schälen, die große in die Fleischmischung reiben, die kleine beiseite legen. Die Knoblauchzehen schälen und durch die Presse auf die Fleischmischung drücken. 1 Teelöffel Paprikapulver, den Majoran, Pfeffer und Salz dazugeben und alles gründlich vermischen. Auf jedes Blatt in die Mitte etwa 1 Eßlöffel Füllung legen, die Blattränder einschlagen und die Blätter gleichmäßig und fest aufrollen. Übriggebliebene Füllung zu Klößchen formen.

4. Die Hälfte des feingeschnittenen Sauerkrauts in einen großen Topf geben. Auf das Krautbett die gefüllten Krautblätter und eventuell die Klößchen setzen. Die Schweinerippchen vom Knochen lösen, in Stücke schneiden und auf dem Kraut verteilen. Alles mit der anderen Hälfte des Krauts bedecken. So viel Wasser angießen, daß das Kraut gerade bedeckt ist. Bei mittlerer Hitze etwa 1 1/2 Stunden zugedeckt köcheln lassen. Von Zeit zu Zeit den Topf rütteln und etwas Wasser nachfüllen.

5. Die Zwiebel fein hacken. In einem Topf das restliche Schmalz erhitzen, das Mehl darüber stäuben und goldgelb anschwitzen. Die Zwiebel und das restliche Paprikapulver dazugeben und unter Rühren etwas kaltes Wasser angießen. Die Mehlschwitze etwa 5 Minuten vor Ende der Garzeit zu dem Sauerkraut geben. Die saure Sahne darüber gießen und das Gericht heiß servieren.

Variante:
Siebenbürger gefülltes Sauerkraut
Lassen Sie die Schweinerippchen weg, legen aber dafür ein tellergroßes Stück geräucherte Speckschwarte mit der Speckseite nach unten auf den Boden des Bräters. Dann bereiten Sie das Gericht wie oben beschrieben zu. Den Backofen heizen Sie auf 200° vor. Für die Sauce nehmen Sie 1 Eßlöffel Tomatenmark und 2 Eßlöffel Sonnenblumenöl. Wenn das Kraut noch nicht ganz von Flüssigkeit bedeckt ist, gießen Sie noch etwas Wasser dazu. Das Kraut zugedeckt etwa 1 Stunde im Backofen (Mitte) garen, bis es weich ist (Gas Stufe 3). Den Deckel abnehmen und das Kraut an der Oberfläche etwas anbräunen. Mit saurer Sahne übergießen und heiß servieren.

Sauerkraut typisch ungarisch: gefüllt mit Reis und Fleisch.

Gefüllte Paprikaschoten

Töltött paprika

Zutaten für 4 Personen:
2 mittelgroße Zwiebeln
5 Sellerieblätter
1 Stück Knollensellerie (etwa 70 g)
1 Eßl. Schweineschmalz, ersatzweise
3 Eßl. Öl
1 gehäufter Eßl. Mehl
150 g Tomatenmark
Salz
100 g Reis
8 Paprikaschoten (je etwa 10 cm lang)
400 g Schweinehackfleisch (möglichst aus der Schulter)
1 Ei
weißer Pfeffer, frisch gemahlen
1 Prise Majoran
200 g Sahne
Zucker

Preiswert

Pro Portion etwa:
2800 kJ/670 kcal
27 g Eiweiß · 45 g Fett
41 g Kohlenhydrate

- Zubereitungszeit: etwa 1 1/2 Stunden

1. Die Zwiebeln schälen, die Sellerieblätter waschen, beides kleinhacken. Den Sellerie schälen und grob würfeln.

2. Die Hälfte des Schmalzes oder des Öls erhitzen. Die Hälfte der Zwiebeln, den Sellerie und die Sellerieblätter darin anbraten. Das Mehl darüber stäuben und anbräunen. Das Tomatenmark und 1 l kaltes Wasser einrühren. Salzen und etwa 45 Minuten zugedeckt bei mittlerer Hitze kochen lassen. Dann durch ein Sieb streichen oder im Mixer pürieren und beiseite stellen.

3. Den Reis in kochendem Salzwasser etwa 5 Minuten vorgaren, dann abgießen und abkühlen lassen.

4. Mit einem spitzen Messer die Stielansätze von den Paprikaschoten entfernen, dabei darauf achten, daß die Löcher möglichst klein bleiben. Die Schoten von den Kernen befreien und waschen.

5. In einer Pfanne das restliche Schmalz oder Öl erhitzen. Die restlichen Zwiebeln darin glasig braten, dann zusammen mit dem Hackfleisch in eine Schüssel geben. Den Reis und das Ei hinzufügen, salzen, pfeffern und mit dem Majoran würzen. Alles gut vermischen.

6. Die Paprikaschoten mit der Mischung füllen und nebeneinander in einen Schmortopf setzen. Wenn noch etwas Füllung übrigbleibt, Klößchen daraus formen und ebenfalls in den Topf geben. Die Tomatensauce angießen. Bei schwacher Hitze etwa 30 Minuten garen, dabei nicht rühren, sondern von Zeit zu Zeit den Topf rütteln.

7. Die Paprikaschoten aus dem Topf heben und auf einer Platte anrichten. Die Sahne nach Belieben mit Zucker abschmecken und unter die Sauce rühren. Die Schoten in der Sauce servieren. Dazu passen Salzkartoffeln.

Variante:
Bacskaer gefüllte Paprika
Für die Füllung 2 Zwiebeln schälen und kleinhacken. In einer Pfanne 50 g Butter erhitzen und die Zwiebeln darin anbraten. 100 g Reis dazugeben und glasig braten. 400 g Schweinehackfleisch hinzufügen und unter ständigem Rühren ebenfalls anbraten. Alles salzen und pfeffern. Knapp mit Wasser bedecken und in etwa 15 Minuten zugedeckt vorgaren. Dann offen die Flüssigkeit bis auf das Fett einkochen lassen. Inzwischen 8 gleich große Schoten halbieren, von den Stielansätzen, den Kernen und den weißen Trennwänden befreien und waschen. Eine feuerfeste Form mit Butter ausstreichen. Den Backofen auf 200° vorheizen. 3 Tomaten waschen und in Scheiben schneiden, dabei die Stielansätze entfernen. Die Schoten mit der Fleischmischung füllen und in die Form setzen. Auf jede Schote eine Tomatenscheibe legen. 150 g geriebenen Trappistenkäse mit 300 g saurer Sahne verrühren und über die Schoten gießen. Im Backofen (Mitte) in etwa 10 Minuten zugedeckt garen, dann den Deckel abnehmen und noch etwa 10 Minuten offen braten (Gas Stufe 3).

Unter den vielen ungarischen Paprikagerichten sind die gefüllten Schoten ein Klassiker.

Kürbisgemüse

Tökfözelék

Zutaten für 4 Personen:
2,5 kg Kürbis
2 Teel. Salz
1 mittelgroße Zwiebel
1 Eßl. Butter
2 gehäufte Eßl. Mehl
1/2 Teel. Paprikapulver, edelsüß
1 Bund Dill, frisch gehackt
1 Teel. Essig
1 Eßl. Zucker
200 g saure Sahne

Schnell

Pro Portion etwa:
1000 kJ/240 kcal
7 g Eiweiß · 8 g Fett
35 g Kohlenhydrate

- Zubereitungszeit: etwa 40 Minuten

1. Den Kürbis vierteln und die Kerne entfernen. Die Kürbisstücke schälen und in eine Schüssel raspeln. Das Salz über die Raspel streuen und etwa 10 Minuten einziehen lassen.

2. Die Zwiebel schälen und fein würfeln. In einem Topf die Butter erhitzen, das Mehl darüber stäuben und goldgelb anschwitzen. Das Paprikapulver und die Zwiebel dazugeben. Nach und nach 1/4 l kaltes Wasser auffüllen.

3. Den Kürbis in ein Sieb geben, den ausgetretenen Saft abtropfen lassen, dabei die Raspel gründlich ausdrücken. Mit dem Dill in die Mehlschwitze geben. In etwa 10 Minuten bei mittlerer Hitze unter häufigem Rühren fertiggaren (Bißprobe machen). Mit dem Essig und dem Zucker abschmecken. Mit der sauren Sahne servieren.

Klausenburger Kraut

Kolozsvári rakottkáposzta

Zutaten für 5 Personen:
2 kleine Zwiebeln
100 g durchwachsener Räucherspeck ohne Schwarte
1 Eßl. Schweineschmalz, ersatzweise 3 Eßl. Öl
600 g Schweinehackfleisch
Salz
schwarzer Pfeffer, frisch gemahlen
2 Teel. Paprikapulver, edelsüß
100 g Reis
1 Bund Dill, frisch gehackt
1 kg Sauerkraut
300 g saure Sahne
1/2 Teel. Kümmel, gemahlen
Für die Form: Butter

Braucht etwas Zeit

Pro Portion etwa:
2800 kJ/670 kcal
32 g Eiweiß · 51 g Fett
23 g Kohlenhydrate

- Zubereitungszeit: etwa 2 1/2 Stunden

1. Die Zwiebeln schälen und zusammen mit dem Speck fein würfeln. Die Hälfte von dem Schmalz oder dem Öl erhitzen und den Speck darin glasig braten. Die Zwiebeln dazugeben und bei schwacher Hitze goldgelb braten. Das Hackfleisch hinzufügen und braten, bis es hellbraun ist. Mit Salz, Pfeffer und 1 Teelöffel Paprikapulver würzen. 1/4 l Wasser angießen. Das Fleisch etwa 15 Minuten bei mittlerer Hitze zugedeckt schmoren lassen.

2. Inzwischen in einem Topf das restliche Schmalz oder Öl erhitzen. Den Reis darin unter ständigem Rühren glasig braten. So viel Wasser auffüllen, daß der Reis bedeckt ist. Salzen, etwa 5 Minuten kochen lassen, dann abgießen und abtropfen lassen. Den Backofen auf 200° vorheizen.

3. Den Dill unter das Sauerkraut mischen. Eine hohe feuerfeste Form mit Butter ausstreichen, die Hälfte des Krauts hineinlegen und darauf die Hälfte vom Reis verteilen. Das Hackfleisch aus dem Schmorsaft heben und auf den Reis schichten. Darauf den restlichen Reis und zuoberst die andere Hälfte des Krauts geben. Die saure Sahne mit dem Kümmel und dem restlichen Paprikapulver sowie dem Schmorsaft verrühren und über das Kraut gießen.

4. Das Kraut im Backofen (Mitte) etwa 1 Stunde zugedeckt dünsten (Gas Stufe 3). Wenn nötig, zwischendurch etwas Wasser nachgießen. Zum Schluß noch etwa 10 Minuten offen garen, bis die Oberfläche hellbraun ist.

Bild oben: Kürbisgemüse
Bild unten: Klausenburger Kraut

Gefüllte Mangoldblätter

Töltike

Zutaten für 4 Personen:
1 Teel. Butter
100 g Reis
Salz
12 Mangoldblätter
500 g gehacktes Kalbfleisch (möglichst Nacken oder Brust)
1 Ei
2 Knoblauchzehen
weißer Pfeffer, frisch gemahlen
Für die Sauce:
600 g Sauerampfer (ohne Stiel)
1 Eßl. Butter
2 Eßl. Mehl
Salz
200 g Sahne
Zucker nach Belieben
Für den Topf: Butter

Raffiniert

Pro Portion etwa:
1900 kJ/450 kcal
32 g Eiweiß · 31 g Fett
10 g Kohlenhydrate

- Zubereitungszeit: etwa 1 1/2 Stunden

1. In einem Topf die Butter erhitzen, den Reis darin glasig braten und mit etwa 100 ml Wasser aufgießen. Salzen und zugedeckt in etwa 5 Minuten bei schwacher Hitze vorgaren.

2. In einem breiten Topf Wasser zum Kochen bringen. Die Mangoldblätter waschen und einzeln in das leicht siedende Wasser legen. Etwa 2 Minuten darin ziehen lassen. Mit einer Gabel herausnehmen, abtropfen und ausgebreitet abkühlen lassen. Die mittlere starke Blattrippe herausschneiden.

3. Das Kalbfleisch, das Ei und den Reis in eine Schüssel geben. Die Knoblauchzehen schälen und durch die Knoblauchpresse dazudrücken. Mit Salz und Pfeffer würzen und gründlich vermischen.

4. Die Fleischfüllung auf den Blättern verteilen. Die Blattränder einschlagen und die Blätter gleichmäßig und fest aufrollen. Die Seiten mit den Fingern leicht eindrücken.

5. Einen Topf mit Butter ausstreichen und die Rouladen nebeneinander hineinlegen. So viel heißes Wasser angießen, daß die Rouladen bedeckt sind. Salzen und bei schwacher Hitze etwa 50 Minuten zugedeckt garen.

6. Für die Sauce die Sauerampferblätter in reichlich Wasser gründlich waschen und abtropfen lassen. Die Butter in einem großen Schmortopf erhitzen, die Sauerampferblätter hineingeben und zugedeckt in etwa 10 Minuten weich dürsten. Dabei ein paarmal umrühren. Dann offen unter Rühren schmoren, bis der Saft verdampft ist. Das Mehl über den Sauerampfer stäuben und verrühren. Nach und nach 1 l kaltes Wasser einrühren. Salzen und einmal aufkochen lassen.

7. Kurz vor Ende der Garzeit die Sauce über die Rouladen gießen und noch etwa 5 Minuten ohne Deckel kochen lassen. Die Sahne nach Belieben mit etwas Zucker abschmecken und ebenfalls zu den Rouladen geben.

Variante für die Sauce:
1 Bund Petersilie waschen, trockenschwenken und ohne die dicken Stiele fein hacken. 1 Eßlöffel Butter erhitzen, 2 Eßlöffel Mehl darüber stäuben und goldgelb anschwitzen. Unter Rühren mit dem Schmorsaft der Mangoldblätter ablöschen. Die Petersilie dazugeben, 4 Knoblauchzehen schälen und durch die Presse dazudrücken, 200 g Sahne angießen und mit Salz und Pfeffer abschmecken. Einmal aufkochen lassen.

Die Zutaten kommen nicht selten aus dem eigenen Garten: Gefüllte Mangoldblätter mit Sauerampfersauce.

Huhn in Wein

Boros tyúk

Zutaten für 4 Personen:
1 küchenfertiges Huhn (etwa 1 kg)
2 mittelgroße Möhren
2 mittelgroße Petersilienwurzeln
700 ml trockener Weißwein
Salz
schwarzer Pfeffer, frisch gemahlen
2 unbehandelte Zitronen
1 Eßl. Butter
1 gehäufter Eßl. Mehl
100 g Sahne
1 Eigelb
1/2 Bund Petersilie, frisch gehackt

Gelingt leicht

Pro Portion etwa:
2300 kJ/550 kcal
41 g Eiweiß · 23 g Fett
14 g Kohlenhydrate

- Zubereitungszeit: etwa 1 1/2 Stunden

1. Das Huhn innen und außen gründlich waschen. Die Möhren und die Petersilienwurzeln schälen, putzen und in Scheiben schneiden. Alles in dem Wein und ebensoviel Wasser etwa 1 Stunde garen, dabei salzen und pfeffern.

2. Das Huhn häuten und das Fleisch in großen Stücken von den Knochen lösen. Die Zitronen heiß abwaschen und trokkentupfen. Die Schale von 1 Zitrone mit einer feinen Reibe abreiben und den Saft auspressen.

3. Die Butter erhitzen, das Mehl darüber stäuben und hellbraun anschwitzen. Unter ständigem Rühren nach und nach die Brühe dazugießen und aufkochen lassen. Die Sauce mit der Zitronenschale und dem -saft abschmecken.

4. Das Fleisch in eine feuerfeste Schüssel legen, die Sauce darüber gießen und aufkochen lassen. Die Sahne mit dem Eigelb verrühren. Die Zitrone in Scheiben schneiden. Die Schüssel von der Herdplatte nehmen und mit der Eiersahne übergießen. Mit Zitronenscheiben und der Petersilie servieren.

Huhn auf Siebenbürger Art

Erdélyi töltött csirke

Zutaten für 4 Personen:
4 Eier
1 Brötchen
100 g Sahne
150 g Gänseleber
1 mittelgroße Zwiebel
150 g Champignons
1 Eßl. Butter
1 Bund Petersilie, frisch gehackt
weißer Pfeffer, frisch gemahlen
120 g durchwachsener Räucherspeck
ohne Schwarte
Salz
1 küchenfertiges Huhn (etwa 1 kg)
1 Teel. getrockneter Majoran
6 Eßl. Öl
Zahnstocher

Raffiniert

Pro Portion etwa:
3300 kJ/790 kcal
68 g Eiweiß · 50 g Fett
16 g Kohlenhydrate

- Zubereitungszeit: etwa 1 1/2 Stunden

1. Für die Füllung 3 Eier in etwa 10 Minuten hart kochen, kalt abschrecken, schälen und würfeln. Das Brötchen würfeln und in der Sahne einweichen. Die Leber abspülen, trockentupfen, von Sehnen und Häuten befreien und klein würfeln. Die Zwiebel schälen, die Pilze putzen. Beides fein hacken.

2. Die Zwiebel in der Butter goldgelb braten. Die Pilze und die Petersilie zugeben. Die austretende Flüssigkeit einschmoren. Die Leber 2–3 Minuten mitbraten. Alles pfeffern und abkühlen lassen. Den Backofen auf 200° vorheizen.

3. Den Speck fein würfeln. Mit dem Brötchen, dem rohen Ei, den Eierwürfeln und dem Pfanneninhalt vermischen und salzen.

4. Das Huhn innen und außen waschen und trockentupfen. Mit Salz, Pfeffer und dem Majoran innen und außen würzen. Die Füllung in das Huhn geben. Die Bauchöffnung mit Zahnstochern zustecken.

5. Das Huhn in einen Bräter legen und mit dem Öl begießen. Im Backofen (Mitte) etwa 25 Minuten zugedeckt garen, dann offen in etwa 35 Minuten fertigbraten (Gas Stufe 3). Zwischendurch ein paarmal mit Bratensaft begießen.

Im Bild oben: Huhn auf Siebenbürger Art
Im Bild unten: Huhn in Wein

Hähnchen-schenkel aus Galánta

Galántai csirkecomb

Zutaten für 4 Personen:
1 große Zwiebel
1 Eßl. Öl
1/2 Bund Dill, frisch gehackt
1/2 Teel. Paprikapulver, edelsüß
Salz
4 Hähnchenschenkel
2 Eßl. Mehl
200 g saure Sahne
Für die Knödel:
500 g Quark
1/2 Bund Dill, frisch gehackt
2 Eier
100 g Grieß
Salz

Preiswert

Pro Person etwa:
2100 kJ/500 kcal
50 g Eiweiß · 29 g Fett
11 g Kohlenhydrate

- Zubereitungszeit: etwa 1 Stunde

1. Die Zwiebel schälen und fein würfeln. Das Öl erhitzen und die Zwiebel darin goldgelb braten. Den Dill dazugeben. Das Paprikapulver darüber stäuben und sofort verrühren. 1/4 l Wasser angießen und salzen. Die Hähnchenschenkel gründlich waschen, in die Brühe geben und etwa 30 Minuten zugedeckt köcheln lassen.

2. Für die Knödel in einem großen Topf etwa 4 l Wasser zum Kochen bringen und salzen. Den Quark durch ein Sieb in eine Schüssel streichen. Mit dem Dill, den Eiern, dem Grieß und Salz vermischen. Mit nassen Händen aus dem Teig Knödel formen, in das siedende Wasser geben und etwa 15 Minuten garen.

3. Den Backofen auf 50° (Gas Stufe 1/4) anheizen. Die Hähnchenschenkel aus der Brühe heben und im Backofen warm stellen. Das Mehl mit der sauren Sahne glattrühren, in die Brühe gießen und unter Rühren einmal aufkochen lassen.

4. Die Knödel abgießen und auf einer Platte anrichten. Die Hähnchenschenkel und die Sauce getrennt dazu servieren.

Hühnerpörkölt

Csirkepörkölt

Zutaten für 4 Personen:
1 küchenfertiges Brathähnchen (etwa 1 kg)
3 mittelgroße Paprikaschoten
2 große Tomaten
2 große Zwiebeln
1 Eßl. Schweineschmalz, ersatzweise 3 Eßl. Öl
1 1/2 Teel. Paprikapulver, edelsüß
Salz

Gelingt leicht

Pro Portion etwa:
1300 kJ/310 kcal
40 g Eiweiß · 15 g Fett
6 g Kohlenhydrate

- Zubereitungszeit: etwa 1 Stunde

1. Das Hähnchen innen und außen gründlich waschen und trockentupfen. Mit einem scharfen Messer die beiden Keulen und die Flügel mit dem sie umgebenden Muskelfleisch abschneiden. Das Hähnchen der Länge nach in zwei Hälften teilen und diese quer noch einmal halbieren.

2. Die Paprikaschoten halbieren, von den Stielansätzen, den Kernen und den weißen Trennwänden befreien, waschen und fein würfeln. Die Tomaten mit kochendem Wasser überbrühen, etwas darin ziehen lassen, kalt abschrekken, häuten, von den Stielansätzen befreien und kleinschneiden. Die Zwiebeln schälen und hacken.

3. Das Schmalz oder das Öl erhitzen. Die Zwiebeln hineingeben und goldgelb braten. Das Paprikapulver darüber stäuben und schnell verrühren. Die Hähnchenteile salzen und offen im Paprikaschmalz hellbraun braten.

4. Die Paprika- und die Tomatenwürfel zu dem Fleisch geben und mit 150 ml Wasser auffüllen. Zugedeckt etwa 30 Minuten schmoren lassen. Wenn nötig, zwischendurch Wasser nachgießen. Dazu schmecken Nockerln und Salat.

Im Bild oben: Hühnerpörkölt
Im Bild unten: Hähnchenschenkel aus Galánta

UNGARN

Rinderpörkölt

Marhapörkölt

Zutaten für 4 Personen:
800 g Rindfleisch (Schulter, Beinscheibe oder Hals)
2 große Zwiebeln
1 Eßl. Schweineschmalz, ersatzweise 3 Eßl. Öl
1 1/2 Teel. Paprikapulver, edelsüß
Salz
2 mittelgroße Paprikaschoten
2 große Tomaten

Braucht etwas Zeit

Pro Portion etwa:
1400 kJ/330 kcal
40 g Eiweiß · 16 g Fett
5 g Kohlenhydrate

- Zubereitungszeit: etwa 2 Stunden

1. Das Rindfleisch waschen, trockentupfen und in mundgerechte Würfel schneiden.

2. Die Zwiebeln schälen und kleinhacken. Das Schmalz oder das Öl erhitzen und die Zwiebeln darin glasig braten. Das Paprikapulver darüber stäuben und schnell verrühren. Das Fleisch unter Rühren einige Minuten mit anbraten. Mit Wasser knapp bedecken und salzen. Im geschlossenen Topf bei schwacher Hitze etwa 1 1/2 Stunden garen. Von Zeit zu Zeit leicht umrühren. Wenn der Saft verschmort ist, etwas Wasser nachgießen.

3. Inzwischen die Paprikaschoten halbieren, von den Stielansätzen, den Kernen und den weißen Trennwänden befreien, waschen, trockentupfen und würfeln. Die Tomaten mit kochendem Wasser überbrühen, kurz darin ziehen lassen, kalt abschrecken, häuten und kleinschneiden, dabei den Stielansatz entfernen. Das Gemüse etwa 15 Minuten vor Ende der Garzeit zu dem Fleisch geben und mitschmoren lassen.

Makkaroni auf Magyarenart

Makaróni magyarosan

Zutaten für 4 Personen:
400 g Kalbsschulter
60 g durchwachsener Räucherspeck
2 mittelgroße Zwiebeln
1 Knoblauchzehe
1 Eßl. Schweineschmalz, ersatzweise 3 Eßl. Öl
Salz
500 g Makkaroni
2 mittelgroße Paprikaschoten
2 große Tomaten
100 g Trappistenkäse, frisch gerieben

Gelingt leicht

Pro Portion etwa:
2900 kJ/690 kcal
27 g Eiweiß · 25 g Fett
92 g Kohlenhydrate

- Zubereitungszeit etwa: 1 1/2 Stunden

1. Das Kalbfleisch waschen, trockentupfen und in etwa 1 cm große Würfel schneiden. Den Speck von der Schwarte befreien und fein würfeln. Die Zwiebel und die Knoblauchzehe schälen und fein hacken.

2. Das Schweineschmalz oder das Öl erhitzen und den Speck darin glasig braten. Die Zwiebeln hinzufügen und goldgelb braten. Das Fleisch und die Knoblauchzehe dazugeben und so lange braten, bis der Fleischsaft verdunstet ist. Salzen und 200 ml Wasser angießen. Das Fleisch etwa 30 Minuten garen. Zwischendurch ein paarmal umrühren.

3. Inzwischen die Paprikaschoten halbieren, von den Stielansätzen, den Kernen und den weißen Trennwänden befreien, waschen, trockentupfen und fein würfeln. Die Tomaten mit kochendem Wasser überbrühen, kurz darin ziehen lassen, kalt abschrecken, häuten und kleinschneiden, dabei die Stielansätze entfernen. Beides etwa 5 Minuten vor Ende der Garzeit zum Fleisch geben.

4. Die Makkaroni in kochendem Salzwasser in etwa 8 Minuten bißfest kochen. Den Backofen auf 180° vorheizen. Die Nudeln in ein Sieb schütten, abtropfen lassen und in eine feuerfeste Schüssel geben. Die Fleischsauce untermischen. Die Nudeln mit dem Käse bestreuen und etwa 15 Minuten im Backofen (Mitte) überbacken (Gas Stufe 2).

Im Bild oben: Rinderpörkölt
Im Bild unten: Makkaroni auf Magyarenart

Szegediner Gulasch

Székelygulyás

Zutaten für 4 Personen:
600 g Schweineschulter
2 mittelgroße Zwiebeln
3 Eßl. Öl
1 1/2 Teel. Paprikapulver, edelsüß
Salz
1 Knoblauchzehe
Kümmel
2 mittelgroße Paprikaschoten
800 g Sauerkraut
1 Bund Dill, frisch gehackt
1 gehäufter Eßl. Mehl
300 g saure Sahne

Gelingt leicht

Pro Portion etwa:
2200 kJ/520 kcal
30 g Eiweiß · 41 g Fett
11 g Kohlenhydrate

- Zubereitungszeit: etwa 1 1/4 Stunden

Tip!

Machen Sie gegen Ende der Garzeit beim Sauerkraut ein Bißprobe. Es soll noch etwas fest sein, dann schmeckt es besonders gut!

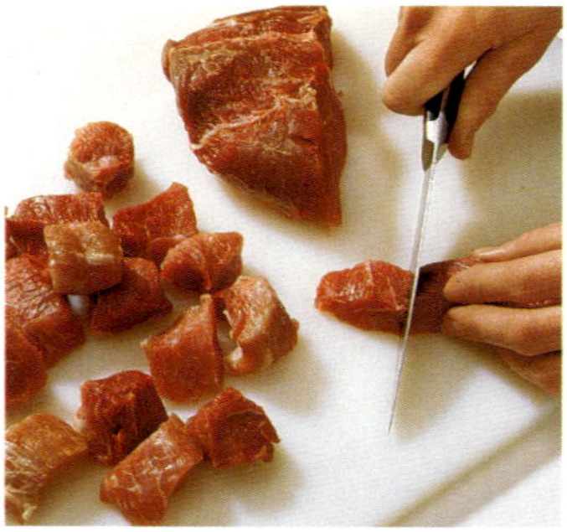

1. Das Fleisch waschen, trokkentupfen und in mundgerechte Würfel schneiden. Die Zwiebeln schälen und hacken. In einem breiten hohen Topf das Öl erhitzen, die Zwiebeln darin goldgelb braten.

2. Das Paprikapulver über die Zwiebeln stäuben und sofort verrühren. Den Knoblauch schälen und durch die Presse in den Topf drücken. Das Fleisch dazugeben, salzen, mit Kümmel würzen und unter Rühren so lange braten, bis der Fleischsaft verdunstet ist. Mit 1/4 l Wasser auffüllen und etwa 15 Minuten zugedeckt garen.

3. Die Paprikaschoten halbieren, von den Stielansätzen, den Kernen und den weißen Trennwänden befreien, waschen, trockentupfen und fein würfeln. Das Sauerkraut mit einer Gabel etwas lockern.

4. Den Schmorsud fast einkochen lassen. Das Kraut mit den Paprikawürfeln und dem Dill zum Fleisch geben. Mit 3/4 l Wasser auffüllen und 25–30 Minuten zugedeckt garen. Das Mehl in 200 g Sahne glattrühren, zum Kraut geben und unter Rühren aufkochen lassen. Das Gulasch mit der restlichen Sahne begießen und servieren.

Gefüllter Schweinebauch

Töltött sertésdagadó

Zutaten für 4 Personen:
800 g Schweinebauch
150 g Schweineleber
100 g durchwachsener Räucherspeck ohne Schwarte
1 Brötchen
100 ml Milch
1 mittelgroße Zwiebel
1 Teel. Schweineschmalz, ersatzweise 2 Eßl. Olivenöl
1 Knoblauchzehe
2 Eier
1/2 Bund Petersilie, frisch gehackt
schwarzer Pfeffer, frisch gemahlen
Salz
Zahnstocher
Für die Form: Schmalz

Raffiniert

Pro Portion etwa:
4600 kJ/1100 kcal
43 g Eiweiß · 98 g Fett
8 g Kohlenhydrate

- Zubereitungszeit: etwa 2 1/2 Stunden

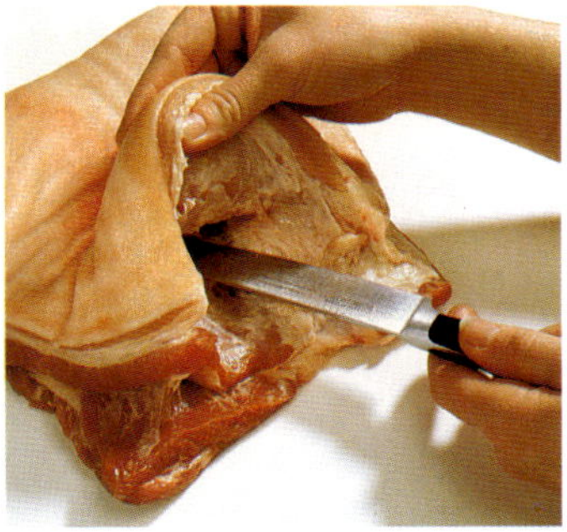

1. Den Schweinebauch waschen und trockentupfen. Mit einem scharfen Messer in das Fleisch eine Tasche einschneiden und die Öffnung vorsichtig mit der Hand vergrößern. Den Schweinebauch innen und außen leicht salzen.

2. Die Leber abspülen, trockentupfen und in etwa 3 cm lange Streifen schneiden. Den Speck fein würfeln. Das Brötchen in der Milch einweichen. Den Backofen auf 200° vorheizen. Die Zwiebel schälen und fein würfeln. Das Schmalz oder das Öl erhitzen, den Speck und die Zwiebel darin anbraten und abkühlen lassen.

3. Den Knoblauch schälen und durch die Presse drücken. Das Brötchen ausdrücken. Die Eier mit der Leber, dem Speck, der Zwiebel, der Petersilie, dem Knoblauch und dem Brötchen gut vermischen. Mit Pfeffer und Salz abschmecken. Die Füllung in die Fleischtasche geben. Mit Zahnstochern die Öffnung verschließen.

4. Eine feuerfeste Form mit Schmalz ausstreichen. Den Schweinebauch hineinlegen und etwa 1/4 l Wasser angießen. Im Backofen (Mitte) etwa 1 Stunde zugedeckt, dann etwa 30 Minuten offen braten (Gas Stufe 3). Zwischendurch mit dem Bratensaft begießen.

Tokany à la Gundel

Gundel tokány

Dieses Gericht wurde nach der Familie Gundel benannt, die mehrere große Köche hervorgebracht hat und eines der berühmtesten Restaurants in Budapest führt.

Zutaten für 4 Personen:

150 g Gänseleber, ersatzweise Hühner- oder Putenleber
600 g Rinderlende
100 g Prinzeßbohnen
Salz
Zucker
100 g gepalte Erbsen, frisch oder tiefgekühlt
100 g Spargelspitzen
100 g Champignons
4 Eßl. Olivenöl
weißer Pfeffer, frisch gemahlen
1/2 Bund Petersilie, frisch gehackt
800 g festkochende Kartoffeln
1/2 l Sonnenblumenöl
1 mittelgroße Zwiebel
Majoran
1 Eßl. Mehl
1/8 l trockener Rotwein
4 Eier
50 g Sahne
1 gehäufter Teel. Butter

Für Gäste

Pro Portion etwa:
5400 kJ/1300kcal
53 g Eiweiß · 100 g Fett
35 g Kohlenhydrate

- Zubereitungszeit: etwa 2 1/4 Stunden

1. Die Leber waschen, trockentupfen, von Sehnen und Häuten befreien, in etwa 3 cm lange und 1 cm breite Streifen schneiden und beiseite stellen. Die Rinderlende waschen, trockentupfen und wie die Leber in Streifen schneiden. Ebenfalls beiseite stellen.

2. Die Bohnen waschen, abtropfen lassen, von den Enden befreien und eventuell die Fäden abziehen. In etwa 2 cm lange Stücke schneiden. In einem Topf reichlich Wasser mit einer Prise Salz zum Kochen bringen. Die Bohnen darin etwa 10 Minuten bei mittlerer Hitze bißfest garen.

3. In einem kleinen Topf Wasser mit je 1 Prise Salz und Zucker zum Kochen bringen. Die Erbsen darin garen – frische benötigen etwa 25 Minuten dafür, tiefgekühlte etwa 5 Minuten. Den Spargel waschen und ebenfalls in Salzwasser, dem 1 Prise Zucker beigefügt wurde, in etwa 15 Minuten bißfest garen. Die Gemüse in einem Sieb abgießen und beiseite stellen.

4. Die Pilze waschen, wenn nötig, putzen und in dünne Scheiben schneiden. In einer Pfanne 3 Eßlöffel Olivenöl erhitzen. Die Pilze darin anbraten, salzen, pfeffern und mit der Petersilie bestreuen. So lange dünsten, bis der Pilzsaft verdampft ist.

5. Den Backofen auf 50° vorheizen. Die Kartoffeln schälen und in etwa 1 cm dicke lange Stifte schneiden. Das Sonnenblumenöl in einem Topf erhitzen, die Kartoffeln hineingeben und so lange braten, bis sie rundherum knusprig sind. Die Kartoffeln aus dem Öl heben und im Backofen warm stellen (Gas Stufe 1/4).

6. Die Zwiebel schälen und würfeln. In einem breiten Topf das restliche Olivenöl erhitzen und die Zwiebelwürfel darin goldgelb braten. Die Lendenstreifen dazugeben und bei starker Hitze anbraten, dabei ständig rühren. Mit Salz, Pfeffer und Majoran würzen. Nach etwa 5 Minuten die Leber hinzufügen und alles zusammen noch etwa 3 Minuten braten.

7. Das Mehl über das Fleisch stäuben, verrühren und langsam mit dem Rotwein ablöschen. Die Gemüse dazugeben, alles vorsichtig vermischen und einmal aufkochen lassen. Das Tokany eventuell noch einmal mit Salz und Pfeffer abschmecken.

8. Die Eier mit der Sahne und Salz verquirlen. In einer flachen Pfanne die Butter zerlassen, die Eiersahne hineingießen und bei schwacher Hitze langsam stocken lassen. Ab und zu mit einem Pfannenwender vorsichtig umrühren. Das Tokany auf einer großen Platte anrichten, das Rührei darauf setzen und mit den Kartoffeln servieren.

Ein wahres Festessen ist das Tokany à la Gundel.

Pfeffertokany

Borsos tokány

Zutaten für 4 Personen:
800 g Kalbsschulter
2 mittelgroße Zwiebeln
1 Eßl. Schweineschmalz, ersatzweise 3 Eßl. Olivenöl
Salz
schwarzer Pfeffer, frisch gemahlen
1 große Tomate
2 mittelgroße Paprikaschoten

Gelingt leicht

Pro Portion etwa:
1000 kJ/240 kcal
42 g Eiweiß · 7 g Fett
8 g Kohlenhydrate

- Zubereitungszeit: etwa 1 Stunde 20 Minuten

1. Das Fleisch waschen, trockentupfen und in etwa 3 cm lange fingerdicke Streifen schneiden.

2. Die Zwiebeln schälen und fein würfeln. Das Schmalz oder das Öl erhitzen und die Zwiebeln darin glasig braten. Das Fleisch dazugeben, salzen, kräftig pfeffern und unter Rühren so lange braten, bis der Fleischsaft verdunstet ist. So viel Wasser angießen, daß das Fleisch knapp bedeckt ist. Bei schwacher Hitze etwa 30 Minuten zugedeckt garen. Zwischendurch ein paarmal umrühren und, wenn nötig, Wasser nachgießen.

3. Inzwischen die Tomate mit kochendem Wasser überbrühen, kurz darin ziehen lassen, kalt abschrecken und häuten, dabei den Stielansatz entfernen. Die Paprikaschoten halbieren, von den Stielansätzen, den Kernen und den weißen Trennwänden befreien, waschen, trockentupfen und klein würfeln. Das Gemüse zu dem Fleisch geben und noch etwa 30 Minuten mitschmoren.

Heranyer Tokany

Herány tokány

Zutaten für 4 Personen:
300 g Rinderlende
300 g Schweinelende
2 große Zwiebeln
1 1/2 Eßl. Schweineschmalz, ersatzweise 5 Eßl. Olivenöl
1 1/2 Teel. Paprikapulver, edelsüß
1 Knoblauchzehe
Salz
weißer Pfeffer, frisch gemahlen
Majoran
200 g Kalbs- oder Schweinenieren
150 g Champignons
60 g durchwachsener Räucherspeck ohne Schwarte
300 g saure Sahne
1 gehäufter Eßl. Mehl

Raffiniert

Pro Portion etwa:
2400 kJ/570 kcal
42 g Eiweiß · 42 g Fett
5 g Kohlenhydrate

- Zubereitungszeit: etwa 2 1/4 Stunden

1. Die Rinder- und die Schweinelende waschen, trockentupfen und jeweils in etwa 3 cm lange fingerdicke Streifen schneiden. Getrennt beiseite stellen. Die Zwiebeln schälen und hacken. 1 Eßlöffel Schmalz oder 3 Eßlöffel Öl erhitzen und die Zwiebeln darin goldgelb braten. Das Paprikapulver einrühren. Den Knoblauch schälen und durch die Presse in den Topf drücken. Die Rinderlende dazugeben, mit Salz, Pfeffer und Majoran bestreuen und unter Rühren anbraten, bis der Saft verdunstet ist. Etwa 1/4 l Wasser angießen und etwa 1 Stunde zugedeckt schmoren lassen.

2. Inzwischen die Nieren mit kochendem Wasser überbrühen, etwas ziehen lassen, trockentupfen und fein schneiden. Die Pilze waschen, wenn nötig, putzen und in Scheiben schneiden. Den Speck klein würfeln. Die Schweinelende zum Rindfleisch geben. Zugedeckt etwa 40 Minuten mitgaren.

3. Das restliche Schmalz oder Öl erhitzen und den Speck darin glasig braten. Die Nieren und die Pilze mitbraten, salzen und pfeffern. Kurz vor Ende der Garzeit den Pfanneninhalt zum Fleisch geben. Die saure Sahne mit dem Mehl verrühren und über das Fleisch gießen. Sobald die Sahne heiß ist, den Tokany servieren.

Im Bild oben: Pfeffertokany
Im Bild unten: Heranyer Tokany

Kartoffelsalat

Burgonya saláta

Zutaten für 4 Personen:
1,2 kg festkochende Kartoffeln
3 mittelgroße rote Zwiebeln
1 Eßl. Zucker
1/2 Teel. Salz
3 Eßl. Olivenöl
2 Eßl. Weinessig
weißer Pfeffer, frisch gemahlen
Paprikapulver, edelsüß

Gelingt leicht

Pro Portion etwa:
900 kJ/210 kcal
4 g Eiweiß · 6 g Fett
35 g Kohlenhydrate

- Zubereitungszeit: etwa 1 3/4 Stunden (davon 1 Stunde Ruhezeit)

1. Die Kartoffeln waschen, in einen Topf geben und mit Wasser bedecken. Einmal aufkochen lassen, dann bei schwacher Hitze in etwa 15 Minuten weich garen.

2. Inzwischen die Zwiebeln schälen und in dünne Scheiben schneiden. Die Ringe mit einer Gabel auseinanderziehen.

3. Die Kartoffeln abgießen, pellen und noch warm in etwa 1/2 cm dünne Scheiben schneiden. Abwechselnd mit den Zwiebeln in eine Schüssel schichten. Die oberste Lage sollte aus Zwiebelringen bestehen.

4. Aus 1/2 l Wasser, dem Zucker, dem Salz, dem Olivenöl und dem Weinessig eine Marinade rühren und über den lauwarmen Kartoffelsalat gießen. Mit Pfeffer und Paprikapulver bestreuen. Zugedeckt etwa 1 Stunde ziehen lassen.

Siebenbürger Salat

Erdélyi saláta

Ungarische Salate werden meistens mit einer Essig-Öl-Marinade zubereitet.

Zutaten für 4 Personen:
300 g Salatgurke
200 g Zwiebeln
400 g Paprikaschoten
250 g Tomaten
Salz
50 g frische Estragonblätter (nach Belieben)
2 Eßl. Weinessig
1 Eßl. Puderzucker
weißer Pfeffer, frisch gemahlen
3 Eßl. Olivenöl

Gelingt leicht

Pro Portion etwa:
470 kJ/110 kcal
3 g Eiweiß · 7 g Fett
11 g Kohlenhydrate

- Zubereitungszeit: etwa 1 1/2 Stunden (davon 1 Stunde Ruhezeit)

1. Die Gurke waschen, trockentupfen, die Zwiebeln schälen und beides in dünne Scheiben schneiden.

2. Die Paprikaschoten von den Stielansätzen, den Kernen und den weißen Trennwänden befreien, waschen und in dünne Ringe schneiden.

3. Die Tomaten waschen und in 1/2 cm dicke Scheiben schneiden. Die Stielansätze dabei entfernen.

4. Alles in eine Schüssel geben, salzen, vorsichtig mischen und etwa 30 Minuten durchziehen lassen.

5. Inzwischen eventuell den Estragon waschen und trockenschütteln. Die Blätter abstreifen, fein hacken und in ein Sieb legen. Kurz mit kochendem Wasser überbrühen. Aus dem Essig, dem Puderzucker und Pfeffer eine Marinade bereiten. Das Olivenöl langsam einrühren und eventuell den Estragon dazugeben. Die Sauce über den Salat gießen, alles noch einmal vorsichtig mischen und etwa 30 Minuten zugedeckt kühl stellen.

Tip!

Mit der gleichen Marinade können Sie auch Kopf- oder Gurkensalat zubereiten.

Im Bild oben: Kartoffelsalat
Im Bild unten: Siebenbürger Salat

Nockerln

Galuska

Nockerln passen als Beilage zu allen Gerichten mit viel Sauce – wie Paprikasch oder Pörkölt.

Zutaten für 4 Personen:
500 g Mehl
Salz
4 Eier
1 Eßl. Schweineschmalz oder Butter

Gelingt leicht

Pro Portion etwa:
2300 kJ/550 kcal
16 g Eiweiß · 10 Fett
99 g Kohlenhydrate

- Zubereitungszeit: etwa 1 1/4 Stunden

1. Das Mehl in eine tiefe Schüssel sieben, Salz dazugeben und in die Mitte eine Mulde drücken. Die Eier hineinschlagen und etwa 180 ml Wasser angießen. Mit einem Holzlöffel die Zutaten zu einem cremigen Teig verarbeiten. Den Teig zugedeckt etwa 20 Minuten ruhen lassen.

2. In einem Topf 3–4 l Wasser aufkochen lassen und salzen. Den Teig etwa messerrückendick auf die vordere Hälfte eines nassen Holzbretts streichen. Mit einer nassen Messerklinge schmale Teigstreifen ins Salzwasser schaben. (Einfacher und schneller geht es mit speziellen Nockerlreibern.) Dabei darauf achten, daß das Wasser ständig kocht. Von Zeit zu Zeit leicht umrühren. Die Nockerln so lange garen, bis sie an die Wasseroberfläche steigen.

3. Inzwischen in einer feuerfesten Form oder einer Pfanne das Schmalz oder die Butter erhitzen. Die fertigen Nockerln mit einem Schaumlöffel aus dem Wasser heben und sofort kalt abschrecken. Gründlich abtropfen lassen und im heißen Fett wenden. Bis zum Servieren warm halten.

Eiergraupen mit Paprikasauce

Tarhonya magyarosan

Eiergraupen sind in Ungarn als Beilage sehr beliebt. Sie werden gerne zu saftigen Fleischgerichten wie Pörkölt, Paprikasch und Tokany gegessen. Wenn Sie keine Tarhonya bei Ihrem Händler bekommen und sie auch nicht selbst zubereiten wollen (Rezept Seite 5), nehmen Sie ganz kleine Nudeln und garen sie vor.

Zutaten für 4 Personen:
2 mittelgroße rote Paprikaschoten
1 große Tomate
1 mittelgroße Zwiebel
3 Eßl. Öl
300 g Tarhonya
1 Teel. Paprikapulver, edelsüß
Salz

Traditionell

Pro Portion etwa:
1300 kJ/310 kcal
9 g Eiweiß · 7 g Fett
57 g Kohlenhydrate

- Zubereitungszeit: etwa 40 Minuten

1. Die Paprikaschoten vierteln, von den Stielansätzen, den Kernen und den weißen Trennwänden befreien, waschen und in Streifchen schneiden. Die Tomate mit kochendem Wasser überbrühen, kurz darin ziehen lassen, kalt abschrekken, häuten, vom Stielansatz befreien und fein würfeln. Die Zwiebel schälen. Den Backofen auf 180° vorheizen.

2. In einem Topf das Öl erhitzen, die Eiergraupen hineingeben und unter Rühren bei mittlerer Hitze glasig braten. Die Zwiebel über die Graupen reiben und 2–3 Minuten mitbraten. Mit dem Paprikapulver bestäuben. Die Paprikastreifen und die Tomatenwürfel dazugeben. Alles salzen und gut vermischen.

3. Den Topfinhalt in eine feuerfeste Form geben und mit 600 ml Wasser aufgießen. Im Backofen (Mitte) etwa 25 Minuten garen (Gas Stufe 2). Zwischendurch mit einer Gabel leicht auflockern. Wenn nötig, noch etwas Wasser nachgießen.

Im Bild oben: Nockerln
Im Bild unten:
Eiergraupen mit Paprikasauce

Gundel-Palatschinken

Gundel palacsinta

Diese köstliche Spezialität ist eine Kreation des berühmten Gastronomen Károly Gundel (1883-1956).

Zutaten für 12 Palatschinken:
Für den Teig:
2 Eier
1 Eßl. Zucker
400 ml Milch (oder 200 ml Milch und 200 ml Mineralwasser)
240 g Mehl
Zum Backen: Öl
Für die Füllung:
40 g Rosinen
2 Teel. abgeriebene Schale von 1 unbehandelten Orange
150 ml Rum
180 g Walnüsse
100 g Sahne
120 g Zucker
1 Prise Zimtpulver
50 ml Milch
Für die Sauce:
100 g zartbittere Schokolade
300 ml Milch
120 g Zucker
1 Päckchen Vanillinzucker
150 g Sahne
3 Eigelb
50 g Kakaopulver
1 gehäufter Eßl. Mehl
2 Eßl. Rum

Berühmtes Rezept

Pro Stück etwa:
2000 kJ/480 kcal
9 g Eiweiß · 23 g Fett
53 g Kohlenhydrate

- Marinierzeit: 12 Stunden
- Zubereitungszeit: etwa 2 Stunden

1. Für die Füllung die Rosinen waschen und abtropfen lassen. Zusammen mit der Orangenschale in eine Schüssel geben, mit dem Rum begießen und zugedeckt über Nacht marinieren.

2. Für den Teig die Eier, den Zucker und 200 ml Milch in einer Rührschüssel mit dem Schneebesen des Handrührgeräts gründlich verquirlen. Das Mehl eßlöffelweise untermischen. Die restliche Milch oder das Mineralwasser nach und nach dazugießen. So lange rühren, bis ein dickflüssiger glatter Teig entstanden ist. Den Teig beiseite stellen und quellen lassen.

3. Für die Füllung die Walnüsse hacken. Die Sahne in einem Topf aufkochen. Die Walnüsse, den Zucker, das Zimtpulver, die Orangenschale und die Rosinen mit dem Rum in die Sahne geben. Alles gründlich vermischen und 2–3 Minuten bei mittlerer Hitze köcheln lassen. Wenn die Füllung sehr fest wird, etwas Milch zugießen.

4. Für die Sauce die Schokolade zerbröckeln. In einem Topf 250 ml Milch mit 2 Eßlöffeln Zucker und dem Vanillinzucker aufkochen. Die Schokolade hineingeben und so lange rühren, bis sie sich völlig aufgelöst hat. Die Sahne steif schlagen und kühl stellen. Einen weiten Topf zu zwei Dritteln mit Wasser füllen, das Wasser zum Kochen bringen und eine hitzebeständige Schüssel hineinstellen. Die Eigelbe mit dem restlichen Zucker in die Schüssel geben und schaumig rühren. Das Kakaopulver, das Mehl, den Rum und die restliche kalte Milch untermischen. Die heiße Schokoladenmilch dazugießen. Die Sauce noch einmal gut verrühren. Bei schwacher Hitze im Wasserbad warm halten.

5. Den Backofen auf 50° vorheizen. Eine beschichtete oder schwere gußeiserne Pfanne erhitzen und darin 2 Teelöffel Öl zerlaufen lassen. Eine Schöpfkelle voll Teig in die Pfanne gießen und gleichmäßig über den Boden verteilen. Bei starker Hitze den Palatschinken auf jeder Seite in etwa 2 Minuten goldgelb backen. Den fertigen Palatschinken im Backofen warm stellen. Die anderen elf Palatschinken auf die gleiche Art backen.

6. Jeweils auf einem Palatschinken etwas Füllung verstreichen. Den Palatschinken aufrollen. Die Schüssel mit der Sauce aus dem Wasserbad nehmen. Die geschlagene Sahne vorsichtig unter die Sauce ziehen. Die warme Sauce getrennt zu den Palatschinken servieren.

Mit ihrer einzigartigen Rosinen-Nuß-Füllung und der herben Schokoladensauce sind Gundel-Palatschinken einfach unwiderstehlich.

Tokajer Pflaumen

Aszaltszilva tokaji borban

Zutaten für 4 Personen:
1/2 kg Dörrpflaumen, entsteint
1/2 l süßer Tokajer Szamorodny
100 g Mandeln, geschält
2 gehäufte Eßl. Zucker

Raffiniert

Pro Portion etwa:
2700 kJ/640 kcal
8 g Eiweiß · 14 g Fett
90 g Kohlenhydrate

- Einweichzeit: 2 Stunden
- Zubereitungszeit: etwa 45 Minuten

1. Die Dörrpflaumen in dem Wein etwa 2 Stunden einweichen, dann in einem Sieb abtropfen lassen. Den Wein dabei auffangen.

2. Jede Pflaume mit 1 Mandel füllen und in einen Topf setzen. Den Wein mit dem Zucker verrühren, vorsichtig auf die gefüllten Pflaumen gießen und bei mittlerer Hitze offen so lange kochen, bis die Flüssigkeit verdunstet ist. Die Pflaumen schmecken warm und kalt.

Tip!

Gut verschlossen können die gefüllten Pflaumen längere Zeit im Kühlschrank aufbewahrt werden.

Rigó Jancsi

Rigó Jancsi

Zutaten für etwa 20 Stück:
Für den Teig:
4 Eier
160 g Zucker
50 g Butter
120 g Mehl
40 g Kakaopulver
½ Teel. Backpulver
100 g zartbittere Schokolade
3 Eßl. Aprikosenmarmelade
Für die Form oder das Backpapier:
Butter
Für die Füllung:
100 g zartbittere Schokolade
600 g Sahne
50 g Puderzucker
1 Päckchen Vanillinzucker

Für Gäste

Pro Stück etwa:
980 kJ/230 kcal
4 g Eiweiß · 14 g Fett
23 g Kohlenhydrate

- Zubereitungszeit: etwa 3 1/2 Stunden (davon 2 Stunden Kühlzeit)

1. Für den Teig die Eier trennen. Die Eigelbe mit dem Zucker und der Butter schaumig schlagen. Das Mehl mit dem Kakaopulver und dem Backpulver mischen. Den Backofen auf 190° vorheizen.

2. Die Eiweiße steif schlagen und unter die Eiermasse ziehen. Die Mehlmischung darüber sieben und vorsichtig einarbeiten.

3. Das Backblech mit Backpapier auslegen, das Papier einfetten. Den Teig darauf verteilen und im Backofen (Mitte) etwa 20 Minuten backen (Gas Stufe 2).

4. Für die Füllung die Schokolade in Stücke brechen und in einer hitzebeständigen Schüssel im heißen Wasserbad schmelzen. Die Schüssel aus dem Bad nehmen und die Schokolade etwas abkühlen lassen. Die Sahne mit dem Puderzucker und dem Vanillinzucker steif schlagen und mit der Schokolade vermischen.

5. Für die Glasur die Schokolade in Stücke brechen und im heißen Wasserbad schmelzen.

6. Das Blech aus dem Backofen nehmen, den Kuchen auf ein Küchentuch stürzen und das Backpapier abziehen. Den Kuchen auskühlen lassen.

7. Den Kuchen in zwei Hälften schneiden. Die eine Hälfte mit der Aprikosenmarmelade bestreichen, darauf mit einem breiten Messer die flüssige Schokolade verstreichen.

8. Auf der anderen Kuchenhälfte die Schokoladencreme verteilen. Die glasierte Kuchenplatte darauf legen. Mit einem in heißes Wasser getauchten Messer den Kuchen sehr vorsichtig in etwa 5 x 5 cm große Stücke schneiden und mindestens 2 Stunden kühl stellen.

Im Bild oben: Rigó Jancsi
Im Bild unten: Tokajer Pflaumen

1975er

Goldnockerln

Aranygaluska

Zutaten für eine Napfkuchenform von 20 cm Ø:
- *500 g Mehl*
- *1 Prise Salz*
- *1/4 l Milch*
- *30 g Hefe*
- *80 g Zucker*
- *160 g Butter*
- *4 Eigelb*
- *1 Teel. abgeriebene Schale von einer unbehandelten Zitrone*
- *50 g Rosinen*
- *150 g Walnüsse, gemahlen*
- *1/2 Teel. Zimtpulver*
- *200 g Aprikosenmarmelade*
- *1 Päckchen Vanillinzucker*
- *Für die Arbeitsfläche: Mehl*
- *Für die Form: Butter*
- *Zum Bestäuben: Puderzucker*

Raffiniert

Bei 12 Stück pro Stück etwa:
1800 kJ/430 kcal
7 g Eiweiß · 21 g Fett
56 g Kohlenhydrate

- Zubereitungszeit etwa: 2 1/2 Stunden (davon 1 1/4 Stunden Ruhezeit)

1. Das Mehl mit dem Salz in einer Schüssel vermischen. In die Mitte eine Mulde drücken. Die Milch lauwarm erhitzen. Die Hefe zerbröckeln und in der Mulde mit 4 Eßlöffeln Milch, 1 Teelöffel Zucker und etwas Mehl vom Rand verrühren, bis sie sich aufgelöst hat. Den Vorteig zugedeckt bei Zimmertemperatur etwa 15 Minuten ruhen lassen, bis sich sein Volumen verdoppelt hat.

2. 100 g Butter in der Milch zerlaufen lassen. Den Vorteig mit dem Mehl verrühren. Die Milch-Butter-Mischung, die Eigelbe, 40 g Zucker und die Zitronenschale einrühren, bis sich der Teig vom Schüsselrand löst. Den Teig zugedeckt bei Zimmertemperatur etwa 45 Minuten gehen lassen, bis sich sein Volumen verdoppelt hat. Eine Napfkuchenform mit Butter ausstreichen.

3. Die Rosinen waschen und abtropfen lassen. Mit den Walnüssen, dem restlichen Zucker und dem Zimt vermischen. Den Teig auf eine bemehlte Arbeitsfläche geben und etwa 2 cm dick ausrollen. Mit einem bemehlten Glas Kreise von etwa 6 cm Durchmesser ausstechen. In einem Topf die restliche Butter zerlassen. Den Backofen auf 180° vorheizen.

4. In jeden Kreis etwas Marmelade setzen. Aus den Kreisen kleine Bällchen formen, in die Butter tauchen und dicht nebeneinander in die Kuchenform legen. Jede Schicht mit der Rosinen-Nuß-Mischung bestreuen. Auf die oberste Schicht den Vanillinzucker geben. Die Form sollte halbvoll sein. Noch einmal etwa 15 Minuten gehen lassen. Die Goldnockerln im Backofen (Mitte) etwa 35 Minuten backen (Gas Stufe 2). Mit Puderzucker bestäuben und lauwarm servieren.

Apfel in Weinteig

Alma bortésztában

Zutaten für etwa 60 Stück:
- *120 g Mehl*
- *6 Eßl. Weißwein*
- *1 Ei*
- *1 Teel. Öl*
- *1 Eßl. Puderzucker*
- *1 Prise Salz*
- *8 Äpfel*
- *Saft von 1 Zitrone*
- *Zum Backen: 1/2 l Öl*
- *Zum Bestäuben: Puderzucker*

Gelingt leicht

Pro Stück etwa:
240 kJ/57 kcal
0,3 g Eiweiß · 5 g Fett
4 g Kohlenhydrate

- Zubereitungszeit etwa: 1 Stunde

1. Das Mehl mit dem Wein, dem Ei, dem Öl, dem Puderzucker und dem Salz verrühren.

2. Die Äpfel schälen. Mit dem Apfelausstecher die Kerngehäuse entfernen. Die Äpfel in etwa 1/2 cm dicke Ringe schneiden und mit Zitronensaft beträufeln.

3. In einer tiefen Pfanne das Öl erhitzen. Jeweils 4–5 Apfelringe in den Teig tauchen und im siedenden Öl in 2–3 Minuten goldgelb ausbacken. Auf Küchenpapier abtropfen lassen. Mit Puderzucker bestäuben und warm servieren.

Im Bild oben: Goldnockerln
Im Bild unten: Apfel in Weinteig

Dobos-Torte

Dobos-Torta

Jozsef C. Dobos, ein großer ungarischer Zuckerbäcker des 19. Jahrhunderts, ist durch diese Torte unsterblich geworden.

Zutaten für eine Springform von
26 cm Ø:
Für den Teig:
6 Eier
170 g Zucker
1 Prise Salz
1 Teel. abgeriebene Schale von
einer unbehandelten Zitrone
80 g Mehl
70 g Speisestärke
1/2 Teel. Backpulver
Für die Form: Backpapier und Butter
Für die Füllung:
6 Eigelb
200 g Zucker
1 Päckchen Vanillinzucker
50 g Kakaopulver
200 g Butter
Für die Glasur: 150 g Zucker

Berühmtes Rezept
Für Gäste

Bei 16 Stück pro Stück etwa:
1400 kJ/330 kcal
6 g Eiweiß · 16 g Fett
41 g Kohlenhydrate

- Zubereitungszeit: etwa 4 1/2 Stunden (davon mindestens 3 Stunden Ruhezeit)

Tip!

Die Torte schmeckt am besten, wenn sie über Nacht durchgezogen ist.

1. Für den Biskuitteig die Eier trennen. Den Zucker, das Salz, die Eigelbe und die Zitronenschale in eine Schüssel geben. Mit dem Schneebesen des Handrührgeräts zu einer hellen dickcremigen Masse verquirlen. Den Backofen auf 190° vorheizen.

2. Die Eiweiße zu sehr steifem Schnee schlagen. Das Mehl mit der Speisestärke und dem Backpulver mischen und mit dem Eischnee vorsichtig unter die Eiermasse ziehen.

3. Eine Springform mit Backpapier auslegen. Das Papier mit Butter einfetten. Den Teig einfüllen. Die Form im Backofen (Mitte) auf den Rost stellen und etwa 30 Minuten backen (Gas Stufe 2 1/2).

4. Die Eigelbe, den Zucker, den Vanillinzucker und das Kakaopulver in eine hitzebeständige Schüssel geben und gründlich verrühren.

5. Einen breiten Topf zur Hälfte mit Wasser füllen. Das Wasser zum Kochen bringen. Die Schüssel in den Topf stellen und die Eiermischung rühren, bis sie cremig ist. Die Schüssel aus dem Wasserbad heben. Die Butter zerlassen und in die Creme einrühren. Die Füllung abkühlen lassen.

6. Den Biskuit aus der Form lösen und auf einem Kuchengitter erkalten lassen. Den Kuchen dreimal waagrecht durchschneiden.

7. Die Füllung in vier Portionen teilen. Den untersten Boden auf eine Tortenplatte legen und mit einer Portion bestreichen. Den zweiten Boden darauf legen und die zweite Portion darauf verteilen. Mit dem dritten Boden ebenso verfahren. Die vierte Portion auf dem Tortenrand verteilen.

8. Für die Glasur den Zucker unter Rühren in einem kleinen Topf schmelzen. Sobald die Flüssigkeit braun wird, schnell auf die Tortenoberfläche gießen und mit einem breiten Messer rasch gleichmäßig verstreichen, dabei die Schnittlinien einkerben. Die Torte in den Kühlschrank stellen und mindestens 3 Stunden ziehen lassen.

Variante:
Sie können die Dobos-Torte auch mit einem Nußbiskuit zubereiten. Dafür verrühren Sie wie oben beschrieben 6 Eigelbe mit 170 g Zucker und fügen der Mischung 2 Eßlöffel Rum zu. Dann ziehen Sie zusammen mit dem Eischnee 30 g Mehl, 70 g Paniermehl und 100 g gemahlene Hasel- oder Walnüsse unter die Eiermischung, geben den Teig in eine mit gefettetem Backpapier ausgelegte Springform von 26 cm Durchmesser und backen ihn im Backofen (Mitte) bei 190° (Gas Stufe 2 1/2) in etwa 30 Minuten fertig.

REZEPT- UND SACHREGISTER

Zum Gebrauch
Damit Sie Rezepte mit bestimmten Zutaten noch schneller finden können, stehen in diesem Register zusätzlich auch beliebte Zutaten wie Paprikaschoten oder Sauerkraut – ebenfalls alphabetisch geordnet und halbfett gedruckt – über den entsprechenden Rezepten.

A
Alma bortésztában 58
Apfel in Weinteig 58
Aranygaluska 58
Aszaltszilva tokaji borban 56

B
Bableves 16
Bacskaer gefüllte Paprika (Variante) 32
Bohnen, grüne
Palotzensuppe 13
Sommer-Bohnensuppe (Variante) 16
Bohnen, weiße
Bohnengulasch (Variante) 14
Bohnensuppe 16
Boros tyúk 38
Borsos tokány 48
Burgonya saláta 50
Butterpogatschen 10

C
Champignons: Zander mit Champignons 26
Csirkepörkölt 40

D
Donau-Fischsuppe (Variante) 19
Dobos-Torta 60
Dobos-Torte 60

E
Eiergraupen mit Paprikasauce 52
Erdélyi saláta 50
Erdélyi töltött csirke 38

F
Fischsuppe 18
Fischsuppe für Nachtschwärmer (Variante) 19
Fogas egészben sütve 24
Fogas gombás szósszal 26
Forelle
Forelle mit Dillsauce 10
Forelle mit Gänseleber 20

G
Gänseleber
Forelle mit Gänseleber 44
Gänseleberpastete – Heimatliebe 5f.
Huhn auf Siebenbürger Art 38
Tokany à la Gundel 46
Galántai csirkecomb 40
Galuska 52
Gebratener Zander 24
Gefüllte Mangoldblätter 36
Gefüllte Paprikaschoten 32
Gefüllter Schweinebauch 45
Gefülltes Kraut 30
Goldnockerln 58
Gulasch auf Tschangoart (Variante) 14
Gulaschsuppe 14
Guyásleves 14
Gundel-Palatschinken 54
Gundel palacsinta 54
Gundel tokány 46

H
Hähnchenschenkel aus Galánta 40
Halászlé 18
Hecht mit Dillsauce 22
Heranyer Tokany 48
Herány tokány 48
Hortobágyi húsos palacsinta 8
Hühnerpörkölt 40
Hühnersuuppe nach Ujházy 12
Huhn
Hähnchenschenkel aus Galánta 40
Hühnerpörkölt 40
Hühnersuppe nach Ujhazy 12
Huhn auf Siebenbürger Art 38
Huhn in Wein 38

K
Karpfen
  Donau-Fischsuppe (Variante) 19
  Fischsuppe 18
  Fischsuppe für Nachtschwärmer (Variante) 19
  Razischer Karpfen 26
  Theiß-Fischsuppe (Variante) 19
Kartoffelpaprikasch 28
Kartoffelsalat 50
Klausenburger Kraut
Kolozsvári rakottkáposzta 34
Kürbisgemüse 34

L
Lecsó 28
Letscho 28
Libamájjal töltött pisztráng 20

M
Makaróni magyarosan 42
Makkaroni auf Magyarenart 42
Marhapörkölt 42

N
Nockerln 52

P
Palatschinken mit Fleischfüllung 8
Palócleves 13
Palotzensuppe 13
Paprikaschoten
  Bacskaer gefüllte Paprika (Variante) 32
  Eiergraupen mit Paprikasauce 52
  Gefüllte Paprikaschoten 32
  Gulaschsuppe 14
  Hühnerpörkölt 40
  Kartoffelpaprikasch 28
  Letscho 28
  Makkaroni auf Magyarenart 42
  Pfeffertokany 48
  Razischer Karpfen 26
  Rinderpörkölt 42
  Siebenbürger Salat 50
  Szegediner Gulasch 44
  Paprika 6
  Zander auf ungarische Art 20
Paprikás krumpli 28
Pfeffertokany 48
Pisztráng kapor szósszal 10

R
Razischer Karpfen 26
Rácponty 26
Rigó Jancsi 56
Rinderpörkölt 42
Ropogós vajaspogácsa 10

S
Sauerkraut
  Gefülltes Kraut 30
  Gulasch auf Tschangoart (Variante) 14
  Klausenburger Kraut 34
  Siebenbürger gefülltes Sauerkraut (Variante) 30
  Szegediner Gulasch 44
Siebenbürger gefülltes Sauerkraut (Variante) 30
Siebenbürger Salat 50
Sommer-Bohnensuppe (Variante) 16
Süllöszelet magyarosan 52
Szegediner Gulasch 44
Székelygulyás 44

T
Tarhonya magyarosan 20
Theiß-Fischsuppe (Variante) 19
Tökfözelék 34
Töltike 36
Töltött csuka kaporszósszal 22
Töltött káposzta 30
Töltött paprika 32
Töltött sertésdagadó 45
Tokajer
  Tokajer Pflaumen 56
  Weine, berühmt ... 6
Tokany à la Gundel 46

U
Ujházy tyúkleves 12

Z
Zander
  Fisch in Töpfen und Pfannen 6
  Gebratener Zander 24
  Zander auf ungarische Art 20
  Zander mit Champignons 26

IMPRESSUM

Umschlag-Vorderseite: Das Rezept für das Rinderpörkölt finden Sie auf S. 42.

Die Deutsche Bibliothek – CIP-Einheitsaufnahme
Ungarisch kochen: Original-Rezepte, die leicht gelingen, und Interessantes über die ungarische Küche / Mari Erdei. – 1. Aufl. – München: Gräfe und Unzer, 1993
(GU-Küchen-Ratgeber)
ISBN 3-7742-1199-X
NE: Erdei, Mari

1. Auflage 1993

Redaktion: Constanze Hub
Layout: Ludwig Kaiser
Typographie: Robert Gigler
Herstellung: Peter Pleischl
Fotos: Odette Teubner, Dorothee Gödert
Umschlaggestaltung: Heinz Kraxenberger
Satz: Computersatz Wirth, Regensburg
Reproduktion: Lanarepro
Druck: Druckhaus Kaufmann, Lahr
Bindung: Druckhaus Kaufmann, Lahr
ISBN 3-7742-1199-X

Mari Erdei
wuchs in Debrecen in Ostungarn auf und studierte in Budapest, wo sie auch heute lebt und an der technischen Hochschule unterrichtet. Ihre Leidenschaft fürs Kochen liegt in der Familie: Auch ihre Mutter und ihre Großmutter waren begeisterte Köchinnen, die ihr Wissen an Mari Erdei weitergaben. Mari Erdei ist eine hervorragende Kennerin der Landesküche, kocht täglich für die zwei Töchter, den Mann und den Sohn, und zwar, wie sie sagt, »sehr gern«!

Odette Teubner
wurde durch ihren Vater, den international bekannten Food-Fotografen Christian Teubner, ausgebildet. Heute arbeitet sie ausschließlich im Studio für Lebensmittelfotografie Teubner. In ihrer Freizeit ist sie begeisterte Kinderporträtistin – mit dem eigenen Sohn als Modell.

Dorothee Gödert
arbeitete nach ihrer Ausbildung zur Fotografin zunächst im Bereich Stillife- und Interieurfotografie. Nach einem Aufenthalt in Princeton/USA spezialisierte sie sich auf Food-Fotografie. Sie war bei namhaften Food-Fotografen tätig. Seit April 1988 fotografiert sie im Fotostudio Teubner.